dtv

Wege, Umwege, Irrwege im Russland der letzten fünfzehn Jahre, erzählt von Frauen: Hier sind ebenso aufrüttelnde wie nachdenklich stimmende, aber in jedem Fall aktuelle Kurzgeschichten zu lesen.

– Lilith, ein Gang durchs zwanzigste Jahrhundert anhand von Hüten...

– Pappelflaum, Sommer–Zubehör, schrecklich besonders in Moskau, besonders in einem Krankenhaus...

– Mir allein – gehörst du jetzt, wo du...

– Der jüngere Bruder, behütetes Kind, bis er die Mutter zu behüten hat...

– Der Architekt Komma Der nicht mit mir spricht – aber der eigentlich Stumme ist ein anderer...

– Die betrunkene Ratte in der Küche, auf der Hut vor ihren Verwandten...

– Mama: zwei Mütter und zwei Töchter sind drei. Immerhin ein Ausweg...

Всё-таки выход · Immerhin ein Ausweg

Erzählungen russischer Autorinnen der Gegenwart

Auswahl von Natalija Nossowa unter Mitarbeit von Christiane Körner, Übersetzung von Christiane Körner, der Petruschewskaja-Erzählung von Antje Leetz

Deutscher Taschenbuch Verlag

dtv zweisprachig · Edition Langewiesche-Brandt
herausgegeben von Kristof Wachinger

Deutsche Erstausgabe. 1. Auflage September 2003

www.dtv.de zweisprachig@dtv.de
Copyright-Nachweise Seite 166 ff
Umschlagkonzept: Balk & Brumshagen
Umschlagbild: Raum – Kraft – Konstruktion (1921)
von Ljubow Popowa
Satz: w design, Coesfeld
Druck und Bindung: Kösel, Kempten
Gedruckt auf säurefreiem, chlorfrei gebleichtem Papier
ISBN 3-423-09430-3. Printed in Germany

Татья́на Толста́я: Лили́т 6
Tatjana Tolstaja : Lilith 7

Мари́на Пале́й: День тополи́ного пу́ха 24
Marina Palej : Der Tag des Pappelflaums 25

Гали́на Башки́рова: Совсём мой 44
Galina Baschkirowa : Mir allein 45

Людми́ла Петруше́вская: Мла́дший брат 56
Ljudmila Petruschewskaja : Der jüngere Bruder 57

Мари́на Вишневе́цкая:
Архите́ктор запята́я не мой 92
Marina Wischnewezkaja :
Der Architekt Komma Der nicht mit mir spricht 93

Викто́рия Фомина́: Пья́ная кры́са на ку́хне 136
Viktoria Fomina : Die betrunkene Ratte in der Küche 137

Ири́на Поля́нская: Ма́ма 156
Irina Poljanskaja : Mama 157

Anmerkungen 165
Bio-bibliografische Notizen 166

Татья́на Толста́я: Лили́т

Они́ смо́трят непри́стально, они́ ни во что не вгля́дываются, сло́вно все ве́щи цвету́щего окре́ст ми́ра не име́ют для них большо́го значе́ния. Мир цветёт и колы́шется, течёт и искри́тся, переме́нчивый и зы́бкий, как морска́я вода́. Вода́ же пля́шет и бежи́т во все сто́роны, остава́ясь на том же ме́сте, её не пойма́ешь взгля́дом; а е́сли бу́дешь до́лго смотре́ть – и сама́ ста́нешь водо́ю: све́тлой по́верху, тёмной в глуби́нах. Они́ смо́трят на́ воду, они́ сидя́т у воды́, они́ са́ми – вода́, э́ти же́нщины нача́ла ве́ка, унди́ны, ная́ды, глубо́кие о́муты, двуно́гие воро́нки, вене́рины мухоло́вки. Сыры́е и пы́шные, в пла́тьях, подо́бных пе́не в полёте, высоко́ подколо́в волни́стые во́лосы цве́та но́чи, и́ли цве́та песко́в и́ли цве́та ста́рого зо́лота, укры́в ли́ца кисеёй, что́бы зага́р не приста́л к сли́вочной ко́же, они́ сидя́т на морско́м берегу́, на всех морски́х берега́х нескончае́мой, преры́вистой бе́лой полосо́й, сло́вно рассы́пали соль и разма́зали лёгкой руко́й вдоль полосы́ прибо́я. Они́ сидя́т, они́ лежа́т, беско́стные, струя́щиеся, охо́тно сла́бые, – чу́дное ро́зовое, непропечённое те́сто с цука́тами ро́динок; тронь па́льцем – оста́нется я́мка.

Тро́нуть их стра́шно; о́чень хо́чется, но стра́шно: а вдруг, е́сли нажмёшь посильне́й, ухва́тишь покре́пче э́то бе́ло-ро́зовое, пу́хло-пода́тливое, вла́жно-рассы́пчатое, оно́ – ах! – и растечётся, уйдёт волно́й и пе́ной наза́д, в мо́ре, отку́да пришло́. Вот и учёный до́ктор Жук, стро́гий, зна́ющий, в очка́х, в сюртуке́ и га́лстуке, трево́жно пи́шет в свое́й нау́чной кни́ге «Мать и дитя́. Гигие́на же́нщины», и́зданной в 1906 году́, что мно́гие не понима́ют, не учи́тывают хру́пкости же́нского

Tatjana Tolstaja: Lilith

Sie blicken vage, sie fassen nichts ins Auge, als wären all die Dinge der ringsum blühenden Welt für sie nicht weiter von Belang. Die Welt blüht und wiegt sich, strömt und funkelt, veränderlich und unbeständig wie das Meerwasser. Denn das Wasser tanzt und eilt in alle Richtungen und bleibt dabei an derselben Stelle, man kann es nicht fixieren, und wenn man lange hinschaut, wird man selbst zu Wasser – hell an der Oberfläche, dunkel in der Tiefe. Sie blicken aufs Wasser, sie sitzen am Wasser, sie sind selber Wasser, diese Frauen Anfang des Jahrhunderts, Undinen, Najaden, tiefe Strudel, Trichter auf zwei Beinen, Venusfliegenfallen. Feucht und üppig, in Kleidern wie schäumende Gischt, hoch aufgesteckt das wogende Haar von der Farbe der Nacht oder der Farbe des Sandes oder der Farbe alten Goldes, mit Gaze bedeckt das Gesicht, dass keine Sonnenbräune an die Sahnehaut kommt – so sitzen sie am Meeresufer, an allen Meeresufern, wie ein endloser, durchbrochener weißer Streifen, als sei Salz ausgeschüttet und mit leichter Hand entlang der Brandungslinie verteilt worden. Sie sitzen, sie liegen, knochenlos, dahinströmend, wohlig schwach – wundervoller rosafarbener, nicht durchgebackener Teig mit Zitronatmuttermalen: ein Fingerstups, und es bleibt ein Grübchen.

Sie anzurühren ist furchterregend, sehr verlockend, aber furchterregend: Wenn du dies weiß-rosige, mollig-nachgiebige, feucht-zergehende zu stark drückst, zu fest packst, mag es unversehens – ach! – zerfließen, mag sich, Welle und Schaum, ins Meer zurückziehen, woher es kam. So schreibt auch der gelehrte Doktor Shuk, streng, bewandert, bebrillt, in Gehrock und Binder, mit Besorgnis in seiner Studie «Mutter und Kind. Die Hygiene der Frau», verlegt im Jahre 1906, dass die Anfälligkeit der weiblichen Gesundheit und die besonderen Gesetze, die die Natur dem Zarten,

здоровья, особых требований, налагаемых природой на нежную, на рассыпчатую. Есть такой обычай – волнуется доктор Жук, – есть опасный обычай: сразу из-под венца везти молодую женщину в свадебное путешествие, и особенно норовят в Италию. Тяготы же путешествия, необходимость в частом передвижении, перемещении с места на место могут губительно сказаться на женском здоровье, а почему? Потому что молодой супруг, с вполне простительной для медового месяца порывистостию, иной раз предаётся страсти в утреннее или дневное время, то есть тогда, когда уже нужно собираться и ехать дальше; женщине же после сойтия необходимо по крайней мере шесть часов отдыха, желательно в затемнённой комнате и при полнейшем покое, в противном случае она не успевает восстановить силы, оправиться после потрясения.

Напугав, доктор Жук откланивается и вновь скрывается в тиши кабинета; растирая усталые глаза, вновь садится разрабатывать научные бандажи для промежностей, гигиенические лифы для молочных желёз, хомуты и шлеи для тазовых костей, ловить решетом воду, но воду не поймаешь, не ухватишь, – всегда протечёт, утечёт, процветёт на морских берегах. Вот они сидят и колышутся, – русалки, росянки; рассеянно слушают, как колышется внутри них их собственное, внутреннее море, рассеянно смотрят синими и зелёными глазами в зелёный и синий, бегучий и пляшущий на ветру внешний простор. Белые водовороты тел увенчаны шляпами, каждая как клумба, как сад, как взбегающий на гору город. Лёгкие, пышные цветники; трёхъярусные колёса; взбитый белок; пышноскладчатые и ниспадающие, закрывшие пол-лица, закрывшие лох-несский изгиб белой

Zergehenden auferlegt habe, von vielen nicht begriffen noch berücksichtigt würden. Es gebe einen Brauch, erregt sich Doktor Shuk, einen gefährlichen Brauch: Vom Traualtar weg werde die junge Frau auf die Hochzeitsreise geschleppt, wobei man insbesondere nach Italien strebe. Nun könnten sich aber die Beschwerlichkeiten der Reise und der Zwang zur häufigen Bewegung oder Verlegung von einem Ort zum anderen verderblich auf die weibliche Gesundheit auswirken, und warum? Weil der junge Gatte, mit einem im Honigmond durchaus verzeihlichen Ungestüm, mitunter des Morgens oder tagsüber der Leidenschaft fröne, das heißt dann, wenn man schon aufbrechen und weiterfahren müsse. Für die Frau hingegen sei nach dem Verkehr eine wenigstens sechsstündige Ausspannung, möglichst im abgedunkelten Zimmer und bei absoluter Ruhe, unerlässlich, da ihr andernfalls die Zeit fehle, wieder zu Kräften zu kommen und sich nach der Erschütterung zu erholen.

Nachdem er so Furcht gesät, empfiehlt sich Doktor Shuk und flieht erneut in die Stille seines Kabinetts; sich die müden Augen reibend, geht er abermals daran, fachgerechte Binden für den Unterleib, hygienische Mieder für die Milchdrüsen und Joch und Riemen für die Beckenknochen zu entwerfen, Wasser mit dem Sieb zu schöpfen, doch das Wasser lässt sich weder fangen noch erfassen, stets fließt es durch, fließt es fort, erblüht es neu an den Ufern des Meeres. Da sitzen sie und wiegen sich, Seejungfrauen, Sonnentau; zerstreut lauschen sie darauf, wie sich ihr eigenes inneres Meer in ihnen wiegt, zerstreut beschauen sie mit ihren blauen und grünen Augen den grünen und blauen, im Wind eilenden und tanzenden äußeren Raum. Die weißen Wasserwirbel der Körper sind bekrönt mit Hüten, ein jeder wie ein Beet, wie ein Garten, wie eine den Steilhang erstürmende Stadt. Leichte, üppige Rabatten, dreistöckige Wagenräder, geschlagenes Eiweiß; faltenprächtig und niederfallend, das halbe Gesicht bedeckend,

ше́и, в паруса́х и ро́зах, в шо́рохе стекля́руса, – чёрные му́ссы, сире́невые водопа́ды, пала́ццо, колонна́ды, гаре́мы, терема́, ба́шни и облака́, населённые все́ми перна́тыми: от стра́уса, не уме́ющего лета́ть, до а́нгела, живу́щего то́лько полётом.

Они́ смо́трят, но не всма́триваются, они́ прикры́ли глаза́ кисеёй и вуа́лями, – на что им мир, он уже́ по́йман, уло́влен, водружён на́ голову! Же́нщина нача́ла ве́ка несёт весь мир на голове́, – весь мир мечты́ на про́волочном карка́се, обмо́танном мусли́ном, – и ей не тяжело́, до́ктор Жук, ведь э́то то́лько мира́ж; рабо́тайте себе́ споко́йно, вычёрчивайте на вощёной бума́ге констру́кции бандаже́й, всё равно́ вско́ре всё ру́хнет, сгори́т в пожа́ре. Они́ смо́трят со ста́рых чёрнобе́лых фотогра́фий, с той стороны́ вре́мени, приве́тливо и непри́стально, они́ стоя́т чуть поо́даль друг от дру́га, – меша́ют поля́ шляп. На одно́й шля́пе – сире́нь, на друго́й – крыло́ ра́йской пти́цы, а э́та захоте́ла пришпи́лить це́лый кора́бль. Я цвету́, я лета́ю, я сейча́с уплыву́! Све́тит бе́лое со́лнце, резну́ю тень броса́ют чёрные дере́вья. Приоткры́ты ро́тики – зуба́стые моллю́ски; затенённые глаза́ любу́ются са́ми собо́й. Ско́ро, ско́ро мирова́я война́, всех сыры́х и не́жных переме́лют на ры́бную муку́, перламу́тровую чешую смо́ют в мо́ре шла́нгом, острова́ми по во́дам уплыву́т шля́пы-вертогра́ды, и о́бморочных пацие́нток до́ктора Жука́ зато́пчут на вое́нных доро́гах.

А мо́жет быть, э́то они́ его́ зато́пчут. Кака́я-нибу́дь Со́нька-комисса́рша, эскадро́нная шку́ра, в ко́жаной ку́ртке с мужско́го плеча́, в коро́ткой ю́бочке из ба́рской портье́ры; в фура́жке

die Loch-Ness-Biegung des weißen Halses bedeckend; mit Segeln und Rosen, mit raschelnden Glasperlen – schwarze Schaumspeisen, fliederfarbene Wasserfälle, Palazzi, Kolonnaden, Harems, Terems, Türme und Wolken, bevölkert mit allen gefiederten Wesen vom flugunfähigen Vogel Strauß bis zum immer nur fliegenden Engel.

Sie schauen, doch sie schauen nichts an, ihre Augen sind von Gaze und Schleiern verdeckt – was soll ihnen die Welt, sie ist schon gefangen, gefasst, gehisst auf dem Kopf! Die Frau zu Anfang des Jahrhunderts trägt die ganze Welt auf dem Kopf – die ganze Welt des Traums auf einem mit Musselin umwickelten Drahtgestell –, und es fällt ihr nicht schwer, Doktor Shuk, es ist ja nur Blendwerk, arbeiten Sie ruhig weiter, zeichnen Sie Ihre Entwürfe für Menstruationsgürtel auf Pauspapier, in Kürze wird ohnehin alles zerschlagen und vom Feuer verschlungen. Sie schauen von alten Schwarzweißfotografien, von jener Seite der Zeit her freundlich und vage, sie stehen ein Stück voneinander entfernt, der störenden Hutkrempen wegen. Am einen Hut Flieder, am anderen der Flügel eines Paradiesvogels, und jene hat sich gar ein ganzes Schiff angesteckt: Ich blühe, ich fliege, ich schwimme gleich davon! Eine weiße Sonne scheint, schwarze Bäume werfen einen Schattenriss. Die Mündchen leicht geöffnet – Mollusken mit Zähnen; beschattete Augen weiden sich an sich selbst. Bald kommt der Weltkrieg, und alle Feuchten und Zarten werden zu Fischmehl zermahlen, ihre Perlmuttschuppen werden mit dem Schlauch ins Meer gespült, wie Inseln schwimmen ihre Lustgarten-Hüte auf den Gewässern davon, und Doktor Shuks Ohnmachts-anfällige Patientinnen werden auf den Straßen des Krieges zertrampelt.

Doch womöglich sind sie es, die ihn zertrampeln. Irgendeine Kommissarin Sonka, die Eskadronskanaille in Männerlederjacke und kurzem, aus der Portiere des Herrschaftshauses genähtem Röckchen, auf dem Bürstenschnitt-Hin-

с лакиро́ванным козырько́м на стри́женом затылке, пока́жет граждани́ну Жуку́, близору́кому буржу́азному спецу́, ку́зькину мать где́-нибу́дь в ки́евской кукуру́зе. Пых! – си́ний дымо́к, и нет Жука́, а золоты́е его́ очёчки, наве́рно, с го́готом бу́дут надева́ть на реквизи́рованную кобы́лу. Вре́мя пы́льных доро́г, теле́г, костро́в, вшей, солда́т; во́лосы стрижём ко́ротко, мо́ем бы́стро, передвига́емся перебе́жками. Ры́хлые, пу́хлые, слепы́е, трепещи́те. Еда́ – ро́скошь, сон – при́хоть; плоть суха́ и жи́листа, лу́чшее те́ло – как у солда́та и́ли балери́ны. Юношей уби́ли по всей Евро́пе, шесть часо́в полага́ющегося о́тдыха что́-то затяну́лись, – никто́ не придёт. Что ж! Из затемнённой ко́мнаты выхо́дит преображённая же́нщина, же́нщина-ма́льчик, то́нкая как игла́.

Бёдра – доло́й, грудь – в корзи́ну исто́рии. Сты́дно име́ть та́лию, та́лия спуска́ется вниз, почти́ к коле́ням; от было́й пы́шности, как приве́т, как письмо́, как да́льнее э́хо, остаётся лишь бант и́ли ро́за. На ма́ленькой голо́вке, сло́вно на па́мять о фронтово́й канона́де, – скупа́я шля́пка-грибо́к, ко́пия неме́цкой ка́ски, пусто́й перевёрнутый похо́дный котело́к, – нет ка́ши, съе́ли. Шля́па-ка́ска глубоко́ надви́нута на глаза́, – не смотри́, не всма́тривайся, не загля́дывай, ничего́ не прочтёшь. Под тако́й ка́ской хорошо́ затаи́ться, хорошо́ ду́мать, что де́лать да́льше, а е́сли сама́ ничего́ не ви́дишь, так что с того́? Ви́жу, куда́ ступа́ю, ви́жу те́сный подо́л, стрено́женные ле́нтой коле́нки, ви́жу бант, ви́жу кру́глые булы́жники, тупы́е носки́ ту́фель, – а что, кто́-нибудь ви́дит бо́льше и да́льше? «В Евро́пе хо́лодно, в Ита́лии темно́. Власть отврати́тельна, как ру́ки брадобре́я...» Хоро́шая ка́ска

terkopf die Mütze mit Lackschirm, mag irgendwo in einem Kiewer Maisfeld dem Bürger Shuk, unserem kurzsichtigen fachbourgeoisen Element zeigen, was eine Harke ist. Puff!, bläulicher Rauch, und Shuk ist nicht mehr, und seine zierliche Goldbrille wird wohl unter grölendem Gelächter einer requirierten Stute aufgesetzt. Es ist die Zeit der staubigen Straßen, der Fuhrwerke, Lagerfeuer, Läuse, Soldaten; wir schneiden das Haar kurz, waschen es rasch, bewegen uns sprungweise vorwärts. Schlaffe, Dickliche, Blinde – erzittert! Essen ist Luxus, Schlafen eine Laune. Der Leib ist hager und sehnig, der beste Körper gleicht demjenigen eines Soldaten oder einer Ballerina. In ganz Europa werden Jünglinge getötet, die angezeigte sechsstündige Erholung scheint sich in die Länge zu ziehen – niemand kommt. Was soll's! Aus dem abgedunkelten Zimmer tritt eine verwandelte Frau, die Knabenfrau, dünn wie eine Nadel.

Nieder mit den Schenkeln, auf den Müllhaufen der Geschichte mit den Brüsten! Eine Taille zu haben ist peinlich, die Taille ist tief gesunken, fast bis zum Knie; von der früheren Üppigkeit hat sich wie ein Gruß, ein Brief, ein fernes Echo allein die Schleife oder die Rose erhalten. Auf dem kleinen Köpfchen sitzt, gleichsam zur Erinnerung an den Kanonendonner der Front, ein dürftiges Pilzhütchen, die Kopie eines deutschen Stahlhelms, ein umgedrehtes leeres Feldgeschirr – der Pamps ist weg, ist aufgegessen. Der Topfhut wird tief über die Augen gezogen – schau nicht her, sieh nicht hin, guck nicht drunter, da gibt es nichts zu enträtseln. Unter so einem Helm lässt sich gut Versteck spielen und überlegen, was weiter zu tun ist, und wenn du selbst nichts siehst – was macht das aus? Ich sehe, wohin ich meinen Fuß setze, ich sehe den engen Rocksaum und die mit dem Band geschnürten Knie, sehe die Schleife, sehe die runden Pflastersteine und die stumpfen Schuhkappen – sieht jemand anders etwa mehr und weiter?
« In Europa ist es kalt, in Italien dunkel. Macht ist ekelhaft

закрывает и уши. Военная каска и красный рот – монмартрский вампирчик, сирена петроградских трактиров, призрак с пустыми глазами.

Впрочем, отъелись, встряхнулись, отогрелись, поставили горшок с красным бальзамином на окно, запели простые песни, талию вернули на место. Расчесали отросшие кудри, щипцами завили покруче, на такие-то локоны хорошо бы синий бархатный бант. Но бант – для красавиц и на праздники, в банте всё же есть что-то вызывающее, разнузданное, не правда ли? – обычная же гражданка, на трамвае едущая в учреждение наравне с мужчинами, – и нет Жука, чтобы обеспокоиться тяготами ежедневного путешествия, разрушительного для здоровья, – обычная гражданка надевает берет. Берет – та же каска, только мягкая, смягчившаяся, уступившая и отступившая, уменьшившаяся в размерах, податливая. Хочешь – сдвинь его на затылок, хочешь – спусти на один глаз, притворись загадочной, сделай вид, что ещё не прозрела, ещё ничего не понимаешь. Хочешь – распусти волосы с обеих сторон, не нравится – забери их под тугой ободок, подними воротник пальто, папиросу в зубы. Ветер дует в спину, ветер разметал старые империи Европы и Азии, то ли ещё будет! Будет нехорошо.

... Поразительно, однако, какими они оказались стойкими, эти женщины тридцатых-сороковых-пятидесятых. Словно бы мир не рухнул опять, не перекувыркнулся через голову, не разбил все стёкла вдребезги, все страны –

wie die Hände eines Barbiers ... » Ein guter Helm bedeckt auch die Ohren. Stahlhelm und Erdbeermund – das ist ein Vampirchen vom Montmartre, eine Sirene aus den Petrograder Schenken, ein Gespenst mit leeren Augen.

Im übrigen setzten sie wieder Fett an, gaben sich einen Ruck, wärmten sich auf, stellten einen Topf mit roter Balsamine aufs Fensterbrett, sangen kunstlose Lieder und holten die Taille zurück. Die nachgewachsenen Locken wurden hochgekämmt und mit der Brennschere krauser gedreht. Zu so einer Lockenpracht würde eine blaue Samtschleife gut passen, doch eine Schleife ist für die Schönen und für Feiertage, eine Schleife hat nun mal etwas Herausforderndes, Zügelloses, nicht wahr? Die normale Bürgerin, die ganz wie die Männer mit der Straßenbahn ins Kontor fährt – und kein Shuk ist da, den die Beschwerlichkeiten des täglichen, für die Gesundheit so verheerenden Reisens mit Sorge erfüllen würden –, die normale Bürgerin trägt ein Barett. Das Barett ist der Helm von damals, nur weicher, aufgeweicht, zum Einlenken bereit und auf dem Rückzug, in verkleinerter Ausgabe und gefügig. Wenn du magst, schieb's in den Nacken, wenn du magst, zieh's über ein Auge, stell dich rätselhaft, gib dir den Anschein, noch nicht so weit zu sein, noch nicht zu verstehen. Wenn du magst, lass deine Haare zu beiden Seiten baumeln, gefällt dir das nicht, bändige sie mit einem engen Reif, stell den Mantelkragen hoch und steck dir eine Papirossa ins Gesicht. Der Wind bläst von hinten, der Wind hat die alten Reiche Europas und Asiens hinweggefegt, was soll da noch kommen? Nichts Gutes.

Erstaunlich ist jedoch, wie gut sie standhielten, die Frauen der dreißiger, vierziger, fünfziger Jahre. Als wäre die Welt nicht abermals eingestürzt, hätte sich nicht überkugelt, hätte nicht alles Gläserne zertrümmert und alle Länder zu Kleinholz geschlagen. Hatte der Erste Weltkrieg mit den

в щепу. Если первая мировая война раздавила бескостных наяд, превратила их в поджарых мальчишек, то вторая словно бы придала женщинам сил, показала, что дальше отступать некуда. Отчаянная, отважная женственность, – попудриться перед бомбёжкой, накрутить бигуди на стреляных гильзах, а потом, после войны, снова и снова взбивать надо лбом валик поредевших волос, прикрывать затылок шляпкой-менингиткой, – маленьким блюдечком, лилипутским напоминанием о былом величии. Женщина – это всё ещё шляпка, женщина без шляпки всё ещё не одета, не украшена. То это таблетка с дымкой вуали – крупной, редкой, не скрывающей глаз, случись им быть заплаканными; то нашлёпка-ермолка с букетиком искусственной мимозы, то сползший от удивления на холку, вставший на попа овальный полуберет с бантом, гибрид строгости и легкомыслия.

Шляпа пляшет по голове, выбирая удобный склон, елозит, не зная, где остановиться, словно бы предчувствуя, что ещё немного – и она слетит, покатится колесом, в чуланы, старые чемоданы, помойки. Перед тем как расстаться с хозяйкой, шляпа распрямляется с глубоким вздохом, хорошеет перед смертью. Но, собственно, всё кончено, можно не стараться. Широкополая соломенная пагода, ловко обливающая гладко причёсанную головку, нужна только для того, чтобы было удобнее её сбросить. Захочу – надену, захочу – сниму. Свобода, свобода! Вот и конец шестидесятых.

Если бы чудом воскрес и вышел из кукурузы доктор Жук, если бы добрёл до Европы, избегая застав и ночуя в стогах, подслеповато щурясь,

knochenlosen Najaden ein Ende gemacht und sie in hagere Knaben verwandelt, so scheint der Zweite den Frauen Kraft verliehen und ihnen gezeigt zu haben, dass ein weiterer Rückzug unmöglich sei. Verzweifelte, verwegene Weiblichkeit – das bedeutete, sich vor dem Bombenangriff die Nase zu pudern, auf leere Patronenhülsen Locken zu wickeln und dann, nach dem Krieg, wieder und wieder das gelichtete Haar über der Stirn zu einer Rolle zu toupieren und den Hinterkopf mit einem Meningitis-Hütchen zu bedecken, einem kleinen Tellerchen, einer Liliput-Erinnerung an die frühere Herrlichkeit. Eine Frau, das ist nach wie vor ein Hut, eine Frau ohne Hut ist nach wie vor nicht angezogen, nicht zurechtgemacht. Das kann die Toque sein mit dem großen, aber durchlässigen Tüllschleier, der die Augen nicht verbirgt, auch wenn sie verweint sein sollten, oder das angeklebte Scheitelkäppchen mit einem Sträußchen künstlicher Mimosen, oder das vor Überraschung in den Nacken gerutschte, aufrecht stehende ovale Halbbarett mit Schleife, ein Zwitter aus Strenge und Leichtsinn.

Der Hut hüpft auf dem Kopf herum, sucht eine bequeme Neigung, krabbelt umher, unsicher, wo er bleiben soll, als fühlte er bereits, dass er drauf und dran ist runterzufliegen, wie ein Rad in Rumpelkammern, alte Koffer und Mülleimer zu rollen. Bevor er sich von seiner Besitzerin trennt, streckt sich der Hut mit einem tiefen Atemzug und wird vor dem Tod noch einmal schön. Doch im Grunde ist alles vorbei, er bräuchte sich nicht anzustrengen. Die breitkrempige Pagode aus Stroh, die kess auf dem glatt frisierten Köpfchen sitzt, hat nur den Zweck, dass man sie leichter runterwerfen kann. Hab ich Lust, setz ich sie auf, hab ich keine, nehm ich sie ab. Freiheit, Freiheit! Dann sind die Sechziger zu Ende.

Könnte Doktor Shuk durch ein Wunder auferstehen und aus seinem Maisfeld treten, könnte er sich, Grenzposten umgehend und in Heuschobern übernachtend, bis nach

озираясь в поисках расслабленных, требующих немедленной поддержки, – он бы, наверно, рехнулся. Дик и страшен лик свободы для того, кто пропустил два поколения. Долой искусство, да здравствует природа, порвём оковы и ботинки! Вместо молодых, приличных женщин – таборы босоногих цыганок, табуны мотоциклетных менад. Вместо платьев – ночные сорочки, вместо шляп – волосы, волосы, волосы. Распущенные, висящие, болтающиеся, развевающиеся на ветру. В моде – простое солнце в волосах, белые зубы. В моде – огонь и горы, кочевья, привалы, кибитки, бубны, бусы из конских каштанов и арбузных косточек, индейцы и индусы, грибы и трава, длинные серьги, длинные плетёные ленты. Шляпу носят старухи да перуанки.

Шляпа умерла, да здравствует шляпа! Котелок, чалма, боливар, кика, капюшон, тюбетейка, кокошник, платок, ермолка, венец, феска, ушанка, треух, канотье, цилиндр, шапокляк, митра, шапка-кубанка, шапка-невидимка, чепец, колпак, шлык, картуз, повойник, капор, фуражка, сомбреро, пилотка, берет, пирожок, папаха, – надевай любую, примеряй и хохочи! Носи что хочешь, всё разрешено, ничто не важно: притворяйся боярышней или ковбоем, эмиром бухарским или околотошным – всё одинаково прекрасно, мир есть театр, жизнь – шарада.

... В начале семидесятых годов, пыльным летним днём, когда город почти пуст, в троллейбусе, со щёлканьем ползущем по Страстному бульвару к «Кропоткинской», часто, часто ездила сумасшедшая старуха. Я думаю, она просто каталась туда-сюда, – я много раз её видела.

Europa durchschlagen, um kurzsichtig blinzelnd nach Geschwächten Ausschau zu halten, die seines unverzüglichen Beistands bedürften – er würde sicher überschnappen. Wild und furchtbar ist das Antlitz der Freiheit für den, der zwei Generationen verpasst hat. Nieder mit der Kunst, es lebe die Natur, kommt, wir zerreißen unsere Ketten und Schuhe! Statt anständiger junger Frauen sieht man Horden barfüßiger Zigeunerinnen und Mänadentrupps auf Motorrädern. Statt Kleider sieht man Nachthemden, statt Hüte – Haare, Haare, Haare, baumelnd, hängend, schaukelnd, im Winde flatternd. In Mode ist die einfache Sonne im Haar, das Weiß der Zähne. In Mode sind Feuer und Berge, Nomadenlager, Biwaks, Jurten und Schellentrommeln, Ketten aus Rosskastanien und Melonenkernen, Inder und Indianer, Pilze und Kräuter, lange Ohrgehänge, lange geflochtene Bänder. Hüte tragen alte Frauen und Peruanerinnen.

Der Hut ist tot, es lebe der Hut! Melone, Turban, Panama, Kika, Kapuze, Kalottchen, Kokoschnik, Kopftuch, Scheitelkäppchen, Brautkrone, Fes, Ohrenklappenmütze, Dreierklappenmütze, Kreissäge, Zylinder, Chapeau claque, Mitra, Pelzkappe, Tarnkappe, Haube, Zipfelmütze, Schappel, Schirmmütze, Powojnik, Schnürmütze, Tellermütze, Sombrero, Schiffchen, Barett, Käppi, Papacha – setz irgendwas auf, rück es zurecht und pruste vor Lachen! Trag was du willst, alles ist erlaubt, nichts ist wichtig: Verkleide dich als Bojarentochter oder als Cowboy, als Emir von Buchara oder als zaristischer Polizeichef – alles hat den gleichen Zauber, die Welt ist ein Theater, das Leben eine Scharade.

Wenn Anfang der siebziger Jahre an staubigen Sommertagen die Stadt fast leer war, saß in dem Trolleybus, der klappernd über den Strastnyj Boulevard zur Metrostation Kropotkinskaja zuckelte, oft, sehr oft eine verrückte Alte. Ich glaube, sie fuhr einfach nur hin und her, denn ich habe sie viele Male gesehen. Wenn ich den Trolleybus erklettert

Когда я вскарабкивалась в троллейбус, уже нарочно, для издевательства чуть набиравший ход, – ведь интересно посмотреть, не упаду ли я, а остановить он всегда успеет, – когда, хватаясь за горячий поручень, привычно униженная, с тяжёлыми авоськами, я втягивалась и вваливалась внутрь, радуясь, что не до конца прищемлена в дверях, когда озиралась, запыхавшись, – сколько человек были свидетелями моего унижения? – меня встречал её невидящий, благосклонный взгляд. С фальшиво-радостным изумлением, приятным случайному гостю, она приветствовала меня кивком головы, любезно глядя сквозь меня, в тот воображаемый, нетлённый мир, где она до сих пор царила, никого особо не выделяя, никого не осуждая, всегда готовая поговорить о безусловно прекрасном, пустом, мимолётном, вроде погоды или цветов. Я проходила мимо, а она продолжала приветствовать то место в пространстве, которое только что занимала я, с тем же приятно-благосклонным светским равнодушием.

Она была большая женщина, широкая от старости, а не по природе; летнее платье, кремовое в букетиках, с короткими рукавами, надето было на нечистую ночную рубаху. Древнее, чешуйчатое от дряхлости лицо когда-то было белым; таким лицам идут чёрные брови, и старуха это крепко помнила. Широко, криво, неровно, дрожащей от паркинсонизма рукой она нарисовала себе эти брови, как делала это, привычно, без сомнений, семьдесят лет подряд, со времён первого поцелуя. Эта женщина, древняя как океан, пережила все геологические эры не дрогнув, не струсив, не изменив, не покинув свой пост, подобно японскому солдату, верному императорской присяге.

hatte, der mit Absicht angefahren war, um mich zu verspotten – immerhin war es interessant zu beobachten, ob ich nicht doch hinfiele, und anhalten konnte er dann immer noch –, wenn ich mich, an den heißen Haltegriff geklammert und die übliche Demütigung verspürend, mit meinen schweren Tragetaschen hochgezogen und in den Bus gewuchtet hatte, froh, dass ich nicht ernsthaft von der Tür eingeklemmt worden war, wenn ich mich keuchend umsah – wie viele Menschen waren Zeuge meine Erniedrigung geworden? –, dann begegnete mir ihr abwesender, huldvoller Blick. Mit dem geheuchelten freudigen Erstaunen, das dem zufälligen Gast so wohl tut, grüßte sie mich, indem sie den Kopf neigte und dabei liebenswürdig durch mich hindurchschaute in jene erträumte, unvergängliche Welt, wo sie bis heute herrschte, niemanden besonders auszeichnend, niemanden ablehnend, jederzeit bereit, über das unzweifelhaft Schöne, Leere und Flüchtige zu sprechen, wie über das Wetter oder die Blumen. Ich ging an ihr vorbei, und sie fuhr fort, mit derselben wohltuend huldvollen, weltläufigen Gleichgültigkeit die Stelle im Raum zu begrüßen, die ich eben noch eingenommen hatte.

Sie war eine beleibte Frau, die erst das Alter so stark gemacht hatte; das kurzärmlige, cremefarbene Sommerkleid mit Sträußchenmuster war über ein unsauberes Nachthemd gezogen. Das uralte, greisenhaft schuppige Gesicht war irgendwann einmal lilienweiß gewesen; zu so einem Teint passen schwarze Augenbrauen, und das hatte sich die Alte fest eingeprägt. Breit, schief und unregelmäßig malte sie sich mit tattriger Parkinson-Hand diese Brauen, wie sie es seit dem ersten Kuss gewohnheitsmäßig und unbeirrt siebzig Jahre hindurch getan hatte. Diese Frau, uralt wie der Ozean, hatte alle geologischen Zeitalter überlebt, ohne zu zittern, Feigheit zu zeigen, die Seite zu wechseln oder ihren Posten zu verlassen, wie ein dem Kaisereid getreuer japanischer Soldat.

На голове у неё было нечто вроде сиденья от плетёного стула, нечто, похожее на модель первого самолёта, построенную пионером-двоечником, нечто, напоминающее старые бинты. Там, где сквозь бинты пробивалась проволока, они проржавели. Сбоку, прикрученная к проволоке чёрными нитками, раздавленная, но узнаваемая, висела цветущая яблоневая ветвь.

Вот троллейбус приостановился, подобрал, почти прищемив дверями, ещё одного гражданина – он шарахнулся от приветливой улыбки былой ундины, посмотрел с откровенным ужасом, отвернулся, снова посмотрел. Она одобрила его, кокетливо кивнула головой, – может быть, она подумала, что это доктор Жук. Внезапно лёгким движением она прихорошилась, пригладила остатки волос, выкрашенных в морковный цвет, поправила давно отсутствующую вуальку. Она отличала господ от дам; слепая, она всё видела. Гражданин оторвал билетик и сел, хмуро, по-плебейски откровенно пялясь на красавицу начала века. Мне надо было выходить – я всегда выходила раньше неё, и я не знаю, куда увозил её троллейбус. На прощанье она улыбнулась мне улыбкой счастья: ведь на неё смотрели, ведь она нравилась.

Она осталась там, где всегда была – «у моря, где лазурная пена, где встречается редко городской экипаж», там, где «над розовым морем вставала луна», там, где «очи синие, бездонные цветут на дальнем берегу», там, где море шумит как мёртвая, покинутая своим обитателем ракушка, где под плеск волны всем белым и нежным, вечным, как соль, снится придуманный дольний мир, обитаемый смертными нами.

Auf ihrem Kopf war ein Etwas, das der Sitzfläche eines Korbstuhls glich, ein Etwas, das einem Modell des ersten Flugzeugs ähnelte, zusammengebaut von Schulversagern aus der Pioniergruppe, ein Etwas, das an alte Mullbinden erinnerte. Dort, wo Draht aus den Mullbinden ragte, waren sie rostbraun. An der Seite hing, mit schwarzem Bindfaden am Draht befestigt, ein Apfelblütenzweig, zerdrückt, aber erkennbar.

Nun hielt der Trolleybus und las, indem er ihn fast in der Tür einklemmte, einen weiteren Bürger auf, der vor dem freundlichen Lächeln der ehemaligen Undine zurückfuhr, sie mit offenem Entsetzen betrachtete, sich abwandte, erneut hinschaute. Sie schenkte ihm ihre Billigung, neigte kokett den Kopf – vielleicht dachte sie, das sei Doktor Shuk. Mit einer überraschend leichten Geste brachte sie ihr Äußeres in Ordnung, glättete das schüttere, karottengelb gefärbte Haar, rückte den seit langem fehlenden Schleier zurecht. Sie unterschied Herren von Damen; blind, wie sie war, sah sie alles. Der Bürger riss seinen Fahrschein ab und setzte sich, um die Schöne vom Anfang des Jahrhunderts düster und plebejisch unverhohlen anzuglotzen. Ich musste aussteigen, ich stieg immer früher aus als sie und weiß nicht, wohin der Trolleybus sie brachte. Zum Abschied lächelte sie mir zu – ein Lächeln des Glücks, hatte man sie doch angeschaut, hatte sie doch gefallen.

Sie war dort geblieben, wo sie immer gewesen war, « am Meer, wo die lasurne Gischt, wo selten fährt die städt'sche Equipage », dort, wo « über rosigem Meere der Mond aufging », dort, wo « Augen, blau und unergründlich, am fernen Ufer prangen », dort, wo das Meer rauscht wie eine tote, von ihrem Bewohner verlassene Muschel, wo beim Plätschern der Wellen allen Weißen und Zarten, allen, die ewig sind wie das Salz, die imaginäre, von uns Sterblichen bewohnte, irdische Welt im Traum erscheint.

На ко́йке, голово́й к окну́, лежи́т же́нщина. Сза́ди, скво́зь око́нные ще́ли, в простра́нство ме́жду ра́мами потихо́ньку набива́ется не́что похо́жее на ва́ту, кото́рой э́ти ще́ли законопа́чивают на́ зиму. Но же́нщина не ви́дит окна́. Она́ не ви́дит та́кже и того́, что под её ко́йкой, там, где стои́т эмалиро́ванное су́дно с кра́сной на́дписью РЕАНИМА́ЦИЯ, пол покры́т ры́хлым серова́тым сло́ем э́той же – не то ва́ты, не то лу́нной пы́ли. «Чёрт зна́ет что! – говори́т проходя́щая ми́мо краси́во подкра́шенная медсестра́. – Опя́ть налете́ло». Она́ произно́сит э́то так, сло́вно в том винова́та же́нщина, лежа́щая голово́й к окну́.

Реанимацио́нную санита́рку сего́дня це́лый день вызыва́ют в вестибю́ль. Она́ ка́ждый раз выбега́ет в наде́жде, но э́то сно́ва перемина́ются ро́дственники неизве́стных ей больны́х. Она́ объясня́ет, что больны́х э́тих на реанима́ции уже́ нет, они́, ви́димо, по́дняты на отделе́ние, что она́ сего́дня здесь вообще́ пе́рвый день, – но дрожа́щие ру́ки сую́т ей я́блоки, апельси́ны, конфе́ты, каки́е-то дома́шние пирожки́, и санита́рка всё э́то отпи́хивает, как ребёнок отпи́хивает ло́жку с невку́сным. А са́мое ужа́сное, что в нагру́дный и боковы́е карма́ны хала́та ей без конца́ пыта́ются зати́снуть ско́мканные зелёные бума́жки – тем посты́дным, шкодли́вым движе́нием, каки́м на экза́мене подки́дывают «шпо́ру». Ро́дственники не ве́рят, что санита́рка не име́ет отноше́ния к тем, кто им до́рог, и́ли не хотя́т э́того понима́ть, потому́ что она́ еди́нственная санита́рка во всём ко́рпусе, и, послу́шно кива́я в отве́т на её объясне́ния, ро́дственники, с заискивающей

Marina Palej: Der Tag des Pappelflaums

Im Krankenhausbett liegt, mit dem Kopf zum Fenster, eine Frau. Hinter ihr dringt durch die Ritzen allmählich ein Etwas in den Raum zwischen den Doppelfenstern, das der Watte ähnelt, mit der diese Ritzen im Winter verstopft werden. Doch die Frau sieht das Fenster nicht. Sie sieht auch nicht, dass unter ihrem Bett, dort, wo die emaillierte Bettpfanne mit der roten Aufschrift «Intensivstation» steht, der Boden mit einer lockeren grauen Schicht von demselben Etwas bedeckt ist, das wie Watte aussieht oder wie Mondstaub. «Teufel auch», sagt im Vorbeigehen eine sorgfältig geschminkte Krankenschwester. «Da ist es schon wieder.» Sie sagt das so, als sei die Frau, die mit dem Kopf zum Fenster liegt, daran schuld.

Die Pflegerin von der Intensivstation wird heute den ganzen Tag über in die Eingangshalle gerufen. Jedes Mal läuft sie hoffnungsvoll hinaus, doch wieder sind es nur verschüchterte Angehörige von Patienten, die sie gar nicht kennt. Sie erklärt, dass diese Patienten nicht mehr auf der Intensivstation liegen, dass sie wahrscheinlich auf eine andere Station verlegt wurden, dass dies überhaupt ihr erster Tag hier ist – doch zitternde Hände halten ihr Äpfel, Apfelsinen, Bonbons und selbstgebackene Pasteten hin, und die Pflegerin schiebt das alles weg, wie ein Kind den Löffel wegschiebt, wenn es ihm nicht schmeckt. Das furchtbarste aber sind die ständigen Versuche, ihr zerknüllte grüne Scheine in die Brust- und Seitentaschen des Kittels zu stecken, mit der gleichen unwürdigen, durchtriebenen Bewegung, mit der man bei der Prüfung den Spickzettel weitergibt. Die Angehörigen glauben nicht, dass die Pflegerin mit ihren Lieben nichts zu tun hat, oder sie wollen es nicht begreifen, weil sie die einzige Pflegerin im ganzen Trakt ist, und wenn sie auf ihre Erklärungen hin folgsam

улы́бкой, про́сят *смотре́ть уж полу́чше*. «Не стра́шно, обстреля́ешься, – успока́ивает её дежу́рный хиру́рг. – А тру́льники, коне́чно, не бери́. Чего́ там! – он повыша́ет го́лос, что́бы слы́шала краси́во подкра́шенная медсестра́. – Скажи́, пусть та́щат сра́зу уж три́ста!» – Он соединя́ет ладо́ни, протя́гивая их ло́дочками вперёд и вверх, сло́вно выма́ливая у не́ба э́ти три́ста рубле́й, зате́м ре́зко хло́пает и́ми и побе́дно предъявля́ет медсестре́. «Комара́ ухайдо́кали, бесстра́шный вы наш?» – ангело́чком вопроша́ет она́. «На черта́ мне кома́р? Я за́втра письмо́ получу́», – со значе́нием смо́трит на неё хиру́рг. Над его́ ладо́нями ме́дленно всплыва́ет тополи́ная пуши́нка – бе́лый клочо́к с се́мечком.

«Де́вочка, – с винова́той улы́бкой ше́пчет лежа́щая голово́й к окну́, – дай мне води́чки... Пожа́луйста...» – «Вам нельзя́ воды́, врач не веле́л мне...» – «Ну ка́пельку одну́... ка́пельку мо́жно...» – «Да не могу́ я, пойми́те!..» – «Врач не узна́ет... разо́к попи́ть...» – «Вам бу́дет ху́же, пове́рьте. Потерпи́те до за́втра, постара́йтесь... Дава́йте я вам гу́бы смочу́, а бо́льше нельзя́, не проси́те, ла́дно?» Санита́рка намо́тывает на пинце́т клочо́к ва́ты, окуна́ет его́ в бе́лую, с но́сиком, кру́жку. Невозмо́жно смотре́ть, с како́й су́дорожной жа́дностью же́нщина хвата́ет губа́ми э́тот жа́лкий тампо́н, гро́мко выса́сывает его́, как пото́м беспо́мощно тя́нет обло́женный жёлтым язы́к в немо́й мольбе́ смочи́ть ещё. Санита́рка ещё раз окуна́ет ва́тку в пои́льник. «Спаси́бо... – лепе́чет же́нщина. Засо́хший рот, оживлённый ка́плей

genickt haben, bitten sie mit einschmeichelndem Lächeln, sich doch «besonders gut zu kümmern». «Kein Problem, das ist deine Feuertaufe», beruhigt sie der diensthabende Chirurg. «Aber die Dreier, die nimmst du natürlich nicht. Ach was!» Er hebt die Stimme, damit die sorgfältig geschminkte Krankenschwester ihn hört. «Sag ihnen, sie sollen gleich dreihundert ranschaffen!» Er führt die Handflächen zueinander, indem er sie wie zwei Boote nach vorn und oben ausstreckt, als wolle er vom Himmel die dreihundert Rubel erflehen, klatscht dann heftig in die Hände und präsentiert sie triumphierend der Schwester. «Haben Sie eine Mücke erlegt, Sie kühner Held?» flötet die engelhaft. «Was zum Teufel soll ich mit einer Mücke? Ich bekomme morgen einen Brief.» Der Chirurg schaut sie bedeutungsvoll an. Über seinen Händen steigt langsam ein Pappelflaum auf, ein weißer Bausch mit einem Samen darin.

«Kleine», flüstert mit schuldbewusstem Lächeln die Frau, die mit dem Kopf zum Fenster liegt, «gib mir etwas Wasser ... Bitte...» «Sie dürfen nichts trinken, der Arzt hat es verboten.» «Nur einen Tropfen ... Ein Tropfen, das geht ...» «Ich kann nicht, verstehen Sie doch!» «Der Arzt erfährt es ja nicht ... Nur einmal trinken ...» «Es wird Ihnen schaden, glauben Sie mir. Halten Sie bis morgen durch, versuchen Sie es ... Ich kann Ihnen die Lippen anfeuchten, aber mehr auch nicht. Und dann ist es gut, ja?» Die Pflegerin wickelt einen Wattebausch um die Pinzette und tunkt ihn in das weiße Schnabelkännchen. Man kann es nicht mit ansehen, wie die Frau in krampfhafter Gier diesen jämmerlichen Fetzen mit den Lippen packt, ihn geräuschvoll aussaugt und dann hilflos ihre gelbbelegte Zunge reckt, ein stummes Flehen um mehr. Die Pflegerin tunkt die Watte noch einmal in den Schnabelkrug. «Danke...», stammelt die Frau. Das bisschen Wasser hat ihren ausgetrockneten Mund erfrischt, so dass ihr heiseres Flüstern nun besser

воды, способен шелестеть чуть внятней. – Дай Бог тебе здоровья, милая…» Санитарке нестерпимо стыдно, что женщина лежит с виноватым лицом, что жалко благодарит за ерунду. Но тяжелей всего, что женщина сегодня, наверное, так и будет целый день просить воды, – просить с беззащитностью животного, – а она так и не получит разрешения эту воду ей дать. «Хотите, я полотенце намочу?» – не дожидаясь ответа, санитарка летит в перевязочную – и там долго держит под сильной струёй воды вафельное полотенце со штампом «реан.» Вода становится всё холодней, и, слава Богу, женщина не слышит из палаты этот вожделённый плеск и вряд ли догадывается, что санитарка пошла туда специально, ведь в палате тоже есть кран. Она очень быстро обтирает женщине лицо, стараясь не соблазнять напряжённые губы, – потом шею, грудь, руки. Потом снова долго смачивает полотенце, крепко выжимает и кладёт женщине на лоб. Та пытается бодро улыбнуться, поблагодарить хоть глазами, но в них по-прежнему стоит виноватое *хоть глоток* …

Сегодня с самого утра на улице и здесь, в отделении, нагнетается тупая обморочная духота. Окна открывать бесполезно, да и небезопасно, потому что время от времени уплотнённый заоконный воздух врезается широким лезвием душного, не приносящего облегчения ветра, и тогда, с его порывом, врывается в прорехи пространства этот надоедливый, тополиный пух. Несколько дней назад он ещё весело носился, скатываясь на асфальте в лёгкие белые пузыри, белой пеной поигрывал в кустах, он трепетал белоснежным покрывалом на свежей траве, и мальчишки поджигали его; пух, не задержи-

zu verstehen ist. «Gott schenke dir Gesundheit, liebes Kind...» Der Pflegerin ist es unerträglich peinlich, dass die Frau mit schuldbewusstem Gesicht daliegt und sich kläglich für eine Lappalie bedankt. Aber das schlimmste ist, dass die Frau heute sicherlich den ganzen Tag über um Wasser bitten wird, mit der Wehrlosigkeit eines Tieres bitten wird, und dass sie doch nicht die Erlaubnis bekommt, ihr dieses Wasser zu geben. «Soll ich Ihnen vielleicht ein Handtuch nass machen?» Ohne eine Antwort abzuwarten, stürzt die Pflegerin in den Verbandsraum und hält dort lange das Waffeltuch mit dem Aufdruck «Int.» unter den starken Wasserstrahl. Das Wasser wird immer kälter, und Gott sei Dank kann die Frau das heißbegehrte Rauschen nicht hören und errät wohl kaum, dass die Pflegerin extra deshalb das Zimmer verlassen hat, obwohl es dort auch einen Hahn gibt. Bemüht, die angespannten Lippen nicht in Versuchung zu führen, wischt sie der Frau ganz rasch über das Gesicht, dann über Hals, Brust und Arme. Dann macht sie erneut lange das Handtuch nass, wringt es fest aus und legt es der Frau auf die Stirn. Die versucht, tapfer zu lächeln und wenigstens mit den Augen zu danken, doch darin liegt nach wie vor das schuldbewusste «nur einen Schluck» ...

Heute ballt sich seit dem frühen Morgen draußen und auch hier auf der Station eine dumpfe, ohnmachtserregende Schwüle zusammen. Das Fenster zu öffnen ist nutzlos und auch nicht ungefährlich, denn von Zeit zu Zeit dringt die dichte Luft hinter der Scheibe wie eine breite Klinge heißen Windes herein, der keine Erleichterung bringt und mit dessen Stoß dann dieser zudringliche Pappelflaum in alle Winkel des Raumes fährt. Vor einigen Tagen stob er noch fröhlich dahin und rollte, leichte weiße Flocken bildend, auf dem Asphalt umher, er tändelte wie weißer Schaum im Gebüsch, bebte wie eine schneeweiße Decke auf dem frischen Gras, und die kleinen Jungen zündeten ihn an; der Flaum

ваясь нигде надолго, летал и летал беспрестанно – высоко, вольно, словно высматривая всё новые места для беззаботного своего порхания, – но сегодня вдруг сник, обратясь в мохнатую пыль, и тусклая духота припечатала его в серой бездвижности. Ещё вчера пух был игрив; сегодня – он сор после игры, бесконечно противный изнурённому телу.

– Там к тебе, между прочим, пришли, – роняет медсестра.

Санитарка, делая очень прямую спину, медленно выплывает в коридор, там резко оглядывается – и пулей вылетает в вестибюль. Но вестибюль пуст. Она выскакивает во двор. Тоже пусто. Гибельная духота истребила даже невинное пижамное копошение на больничных скамейках. В волнении она возвращается в корпус. Под лестницей, ведущей на хирургические отделения, прохладной дырой зияет чёрная внутренность подвала – там гардероб для больничного персонала. Она нерешительно спускается по каменным ступенькам.

– У вас там все такие хорошенькие? – скалится снизу гость. В руках у него тюльпаны, которые он держит, как веник. Чёрная, в обтяжку футболка, словно ватой, облеплена пухом; чёрная курчавая борода обрамляет сочный, очень красный рот, и борода эта тоже вся сплошь в застрявших белых клочьях, словно гость жрал живых кур.

Потом она провожает его до ворот больницы. Лужи на асфальтированных дорожках, ещё не просохшие после рухнувшего неделю назад ливня, похожи нынче на мутные зеркала, заросшие вековой пылью. Пух покрывает их глухим толстым слоем, но при малейшем движении ветерка верхние клочки его судорожно срываются – в последней попытке что-то изменить. Пух цепляется за ресницы, сором

hielt sich nirgends lange auf, flog unaufhörlich, flog hoch, frei, immer auf der Suche nach neuen Stätten für sein sorgloses Flattern – doch heute kam er, in zottigen Staub verwandelt, jäh zur Ruhe, die trübe Schwüle presste ihn zu grauer Unbeweglichkeit zusammen. Noch gestern war der Flaum verspielt, heute ist er zu Schmutz geworden, den ein Spiel hinterlässt, unendlich eklig für den geplagten Körper.

«Da ist übrigens jemand für dich», wirft die Schwester hin.

Die Pflegerin wandelt mit sehr geradem Rücken langsam auf den Korridor hinaus, schaut sich dort hastig um und schießt wie ein Pfeil in die Halle. Doch die Halle ist leer. Sie stürmt auf den Hof. Leere auch dort. Die unheilvolle Schwüle hat sogar dem harmlosen Schlafanzuggewimmel auf den Bänken den Garaus gemacht. Aufgeregt kehrt sie in den Trakt zurück. Unter der Treppe, die zur Chirurgie führt, klafft wie ein kühler Schlund das schwarze Innere des Kellergeschosses – dort ist die Garderobe des Personals. Unentschlossen geht sie die Steinstufen hinunter.

«Sind bei euch alle so hübsch?» grinst der Besucher von unten herauf. Er hat Tulpen in der Hand, die er wie einen Reisigbesen hält. An seinem engen schwarzen T-Shirt haftet der Pappelflaum wie Watte; sein schwarzer lockiger Bart umrahmt volle, sehr rote Lippen, und auch in diesem Bart sind überall weiße Fetzen hängen geblieben, als hätte der Besucher lebendige Hühner verschlungen.

Später begleitet sie ihn zum Kliniktor. Die Pfützen auf den Asphaltwegen, die seit dem Platzregen letzte Woche noch nicht getrocknet sind, sehen jetzt aus wie blinde, von hundertjährigem Staub überzogene Spiegel. Der Flaum bedeckt sie in einer dicken, festen Schicht, doch beim kleinsten Windhauch reißen sich die obersten Fetzchen krampfhaft los, in einem letzten Versuch, etwas zu ändern. Der Flaum klammert sich an die Wimpern, fliegt wie

лети́т в глаза́, он въеда́ется в во́лосы, ли́пнет к зудя́щему, по́тному те́лу, безжа́лостно забива́ется в у́ши, нос, гло́тку; ему́ всё равно́, где прорасти́ть своё се́мечко – в земле́, в челове́ке, сквозь ка́мень ли проби́ть свой побе́г, что́бы дать жизнь но́вым лёгким семена́м.

Возвратя́сь в реанима́цию, она́ ви́дит, что же́нщина, лежа́щая голово́й к окну́, закры́ла глаза́. В её но́здри тепе́рь вста́влены две то́ненькие тру́бочки, ветвя́щиеся от прозра́чной кислоро́дной тру́бки пото́лще, что тя́нется над ко́йкой вдоль всей стены́. Наве́рное, ей тепе́рь ле́гче дыша́ть, в э́той отча́янной духоте́.

В перевя́зочной санита́рка наполня́ет водо́й пусту́ю буты́лку из-под глюко́зы, обора́чивает её вощёной бума́гой, ста́вит туда́ тюльпа́ны. Войдя́ в пала́ту, она́ ти́хо ста́вит буке́т на ту́мбочку во́зле же́нщины. «Пуска́й стоя́т, – опережа́ет она́ её винова́тую улы́бку, пока́ же́нщниа ме́дленно открыва́ет глаза́. – Э́то мои́ цветы́, пуска́й до утра́ тут побу́дут?» Же́нщина пыта́ется разлепи́ть гу́бы; их нело́вкое движе́ние означа́ет *ну заче́м вы* … Одна́ тру́бочка выбива́ется из ноздри́ и подра́гивает над ве́рхней губо́й. Санита́рка осторо́жно вставля́ет тру́бочку на ме́сто, удивля́ясь, как непро́чно она́ там де́ржится.

В ма́ленькой пала́те реанима́ции, разделённой перегоро́дкой, стоя́т то́лько две ко́йки: на одно́й лежи́т же́нщина с тру́бочками в носу́, втора́я пуста́, – но санита́рке рабо́ты хвата́ет; она дежу́рит сего́дня свои́ пе́рвые су́тки и по прихо́де чуть ли не с поро́га заяви́ла: гото́ва де́лать что уго́дно, то́лько, пожа́луйста, освободи́те от поко́йников. Подкра́шенная медсестра́ не сра́зу да́же и

Schmutz in die Augen, kriecht in die Haare, er klebt am juckenden, schweißbedeckten Körper, dringt erbarmungslos in Ohren, Hals und Nase. Ihm ist es gleich, wo sein Samenkorn aufgeht, ob sein Keim sich in der Erde, im Menschen oder durch Stein hindurch den Weg bahnt, um neuen leichten Samen das Leben zu schenken.

In die Intensivstation zurückgekehrt sieht sie, dass die Frau, die mit dem Kopf zum Fenster liegt, die Augen geschlossen hat. In ihren Nasenlöchern stecken jetzt zwei dünne Röhrchen, ausgehend von der dickeren, durchsichtigen Sauerstoffröhre, die über dem Bett die ganze Wand entlang führt. Wahrscheinlich kann sie nun besser atmen in dieser fürchterlichen Schwüle.

Im Verbandsraum füllt die Pflegerin eine leere Glucoseflasche mit Wasser, umwickelt sie mit Pergamentpapier und stellt die Tulpen hinein. Sie tritt ins Krankenzimmer und stellt den Strauß behutsam auf das Nachtschränkchen neben der Frau. «Die können doch hier stehen», kommt sie dem schuldbewussten Lächeln der Frau zuvor, als diese langsam die Augen öffnet. «Das sind meine Blumen, die können doch bis morgen hier bleiben?» Die Frau strengt sich an, die Lippen voneinander zu lösen; sie formen unbeholfen ein «Das ist doch nicht nötig …» Ein Röhrchen gleitet aus dem Nasenloch und hängt zitternd über der Oberlippe. Die Pflegerin schiebt es vorsichtig zurück und wundert sich, wie lose es dort sitzt.

Im kleinen Zimmer der Intensivstation stehen nur zwei Betten mit einer Stellwand dazwischen; in dem einem liegt die Frau mit den Röhrchen in der Nase, das andere ist leer, doch die Pflegerin hat Arbeit genug. Heute ist ihr erster Dienst, 24 Stunden, und beim Hereinkommen hat sie noch in der Tür verkündet, sie sei bereit was auch immer zu tun, wenn man ihr bloß bitte die Verstorbenen erspare. Zunächst hat die geschminkte Schwester nicht einmal verstanden,

поняла́, о чём речь: «Э́то ты про жму́риков, что ли? Так с ни́ми возни́ как раз немно́го – то́лько одну́ но́гу подписа́ть зелёнкой: вот ба́нка, вот па́лочка. В морг тебя́, коне́чно, одну́ не пошлю, тебе́ не допере́ть, а спи́рту для и́хних санита́ров я всегда́ отолью...» Но санита́рка во вре́мя э́той тира́ды с таки́м отча́янием мота́ла голово́й, что медсестра́, изобрази́в подведёнными глаза́ми *ну и ду́ра*, бро́сила че́рез плечо́: «Мне же лу́чше», – и удали́лась по свои́м дела́м. Одна́ко э́ту мольбу́ и гото́вность де́лать всё что уго́дно, – запо́мнила.

«Де́вочка, – ти́хо зовёт её же́нщина с тру́бочками в носу́, – накро́й мне, ми́лая, но́ги. Пожа́луйста... Что́-то замёрзли...» Же́нщина сползла́ с поду́шки, и жёлтые сту́пни её упира́ются в металли́ческие пру́тья ко́ечной спи́нки. Санита́рка помога́ет же́нщине лечь поудо́бнее, пото́м скла́дывает вчётверо ба́йковое одея́ло и кладёт ей на́ ноги, подоткну́в со все́х сторо́н. «Всё равно́ мёрзнут... – шелести́т же́нщина; она́ стра́нно возбуждена́, куда́-то подева́лась её винова́тая улы́бка. – Натри́ мне их, ми́лая, погре́й... Пожа́луйста...» Стра́нно, что они́ мёрзнут в тако́й духоте́, но же́нщина лежи́т нога́ми к дверя́м, и, наве́рное, лёгкий сквознячо́к застуди́л их. Санита́рка принима́ется изо всех сил растира́ть сухи́е шафра́нные сту́пни.

«Ты чем заняла́сь? – вски́дывает вы́щипанные бро́ви проходя́щая медсестра́. – Вот ду́рью челове́к ма́ется!» Же́нщина лежи́т, закры́в глаза́, и, наве́рное, пло́хо слы́шит, но, гла́вное, она́ не ви́дит, что санита́рка, продолжа́я растира́ть ей ступни, немно́го теря́ется. «Я сейча́с, одну́ секу́ндочку», – говори́т она́ же́нщине успокойтельно и

was sie meinte: «Sprichst du von den Abgeschnappten oder was? Mit denen hast du doch kaum Scherereien, musst ja bloß mit Jod den Namen auf den Fuß schreiben – guck, da sind Fläschchen und Stäbchen. In die Leichenhalle schick ich dich natürlich nicht allein, die Schlepperei wär zu viel für dich, ich besorg den Pflegern halt immer Sprit ...» Doch die Pflegerin schüttelte bei dieser Tirade derart verzweifelt den Kopf, dass die Schwester, während ihre ummalten Augen signalisierten «was für eine Gans!», ihr über die Achsel hinwarf: «Umso besser für mich», und ihren eigenen Angelegenheiten nachging. Die Bitte aber und die Bereitschaft, was auch immer zu tun, merkte sie sich gut.

«Kleine», ruft die Frau mit den Röhrchen in der Nase leise, «deck mir bitte die Füße zu, sei so lieb ... Sie sind auf einmal so kalt ...» Die Frau ist vom Kissen gerutscht, und ihre gelben Fußsohlen stoßen an die Metallstangen des Bettes. Die Pflegerin hilft der Frau, sich bequemer hinzulegen, faltet dann eine Flanelldecke zweimal, legt sie ihr auf die Füße und stopft sie von allen Seiten darunter. «Trotzdem sind sie kalt ...», flüstert die Frau. Sie ist seltsam erregt, und von ihrem schuldbewussten Lächeln ist nichts mehr zu sehen. «Reib sie mir, sei so lieb, mach sie warm ... Bitte ...» Komisch, dass sie bei dieser Hitze kalt sind, doch da die Frau mit den Füßen zur Tür liegt, liegt es wahrscheinlich am leichten Zugwind. Die Pflegerin geht daran, mit aller Kraft die trockenen, safrangelben Füße zu reiben.

«Womit gibst du dich ab?» Die Schwester zieht im Vorbeilaufen die gezupften Augenbrauen hoch. «Verplemperst deine Zeit!» Die Frau liegt mit geschlossenen Augen da und hört sicher auch schlecht, aber vor allem sieht sie nicht, dass die Pflegerin, während sie ihr weiter die Füße reibt, ein wenig die Fassung verliert. «Ich bin gleich da, einen Moment», sagt sie zu der Frau in dem beruhigenden

вме́сте притво́рно-уве́ренно, как говоря́т доктора́.

«Почему́ вы сказа́ли, что я ма́юсь ду́рью?» – как мо́жно твёрже спра́шивает она́, подойдя́ к медици́нскому столу́ и изо всех сил скрыва́я смуще́ние. «Ты чем заняла́сь? – раздражённо повторя́ет медсестра́. – Не ви́дишь, что ли, отхо́дит». – «В како́м смы́сле?» – спра́шивает санита́рка. «У вас что – все в институ́те с таки́м прибаба́хом? – изумля́ется медсестра́. – А ещё на враче́й у́чатся! Иди́, вон му́сор лу́чше вы́неси. Пото́м ба́нки на ана́лизы подпи́шешь. . .»

Санита́рка несёт по больни́чному двору́ эмалиро́ванное ведро́, наби́тое вперемёшку пусты́ми коро́бочками из-под лека́рств, окрова́вленными бинта́ми, би́тыми а́мпулами, ре́зко па́хнущей ва́той. Несконча́емый светово́й день уже́ перевали́л к ве́черу, потому́ что безжа́лостная духота́ сгусти́лась в гига́нтский – от не́ба до земли́ – возду́шный тромб, и, ка́жется, е́сли его́ не протолкну́ть, не сдви́нуть, – он заду́шит всё живо́е. Внутри́ э́того недви́жного ма́рева, э́той глы́бы пла́вящегося стекла́ ещё то́ненько подра́гивают ко́е-где́ прота́линки во́здуха, и, как то́лько в них принима́ется пульси́ровать не́рвный предгрозово́й ветеро́к, – тополи́ный пух су́дорожно взвива́ется вверх, что́бы устреми́ться прочь по разряжа́ющимся возду́шным тонне́лям, кото́рые, расширя́ясь, пыта́ются взлома́ть изнутри́ э́тот омертве́лый объём. Поры́вы ве́тра усиливаются – гроза́ разрази́тся ско́ро, – и лети́т, лети́т тополи́ный пух – в слепо́й, безу́мной жа́жде размноже́ния; он жа́дно цепля́ется за любу́ю возмо́жность продли́ть жизнь, он заполня́ет собо́ю любы́е, да́же неприго́дные простра́нства, да́же те, где никогда́ не прорасти́ се́мечку, не пусти́ть корешки́,

und vorgetäuscht zuversichtlichen Tonfall, in dem Ärzte sprechen.

«Warum haben Sie gesagt, dass ich meine Zeit verplempere?» fragt sie so fest wie möglich, während sie an den Verbandstisch tritt und mit aller Macht versucht, ihre Betroffenheit zu verbergen. «Womit gibst du dich denn ab?» wiederholt die Schwester gereizt. «Siehst du nicht, dass die bald hinüber ist?» «Wie meinen Sie das?» fragt die Pflegerin. «Haben bei euch im Institut alle so einen Fimmel?» gibt die Schwester entgeistert zurück. «Und so was will Arzt werden! Geh, trag lieber den Müll da raus. Danach beschriftest du die Behälter fürs Labor ...»

Die Pflegerin trägt einen Emailleeimer über den Hof, bis obenhin gefüllt mit einem Durcheinander von leeren Medikamentenschachteln, blutigen Verbänden, zerbrochenen Ampullen und streng riechender Watte. Der endlos helle Tag neigt sich wohl doch dem Abend zu, denn die erbarmungslose Schwüle hat sich zu einem gigantischen, zwischen Himmel und Erde sitzenden Thrombus aus Luft verdichtet, der, wie es scheint, noch alles Leben ersticken wird, wenn er nicht durchstoßen oder verschoben werden kann. Im Innern dieses Dunstblocks, dieses Klumpens aus glühendem Glas zittern noch, kaum merklich, hier und da Inseln aus geschmolzener Luft, und sobald in ihnen ein nervöser, gewitterverkündender Windhauch zu pulsieren anhebt, schwingt sich krampfhaft Pappelflaum empor, um mit den auffahrenden Lufttunneln fortzustreben, die, sich ausdehnend, die erstarrte Masse von innen aufzubrechen suchen. Die Windstöße werden stärker – das Gewitter wird sich bald entladen –, und der Pappelflaum fliegt, fliegt im blinden vernunftlosen Drang nach Fortpflanzung, er klammert sich gierig an jede Möglichkeit, sein Leben zu verlängern, er füllt beliebige, auch untaugliche Räume, auch solche, wo nie ein Samen aufgehen, nie eine Wurzel wachsen, nie ein Keim aufkommen kann. Und doch fliegt und fliegt

не дать побег, – но пух летит, летит, – набиваясь в холодные каменные подвалы, скопляясь на захламлённых чердаках, рыхлым пеплом засыпая внутри человечьи жилища, цепляясь за одежду, листья цветов и деревьев, – и снова летит, летит, хлещет щедрым потоком в слепой и жалкой правоте своей сухая горячая сперма лета.

Вернувшись в реанимацию, санитарка видит, что теперь уже обе трубочки выбились из ноздрей женщины. Их надо бы укрепить лейкопластырем, но она не решается подойти к медсестре и потихоньку отправляется за дежурным хирургом. Хирург входит в палату, плотно заложив руки в карманы, и неестественно громко обращается к женщие: «Ну?! Как у нас тут дела?! Чего бы нам хотелось?!» Не открывая глаз, женщина неожиданно ясно отвечает: «Холодного чаю... с лимоном...» Хирург, глядя в сторону, говорит непонятно кому: «Ох! Да у нас тут экзотические желания, – и велит медсестре укрепить трубочки лейкопластырем. – Ну, а может, чего-то более доступного? Лежать удобно?» – продолжал хирург.

Но женщина не откликается. Хирург как-то особенно цепко вглядывается в её лицо, потом, раскачиваясь с носка на пятку, принимается лекционно излагать санитарке: «Ну что?.. Тридцать шесть лет. Рак печени. Разрезали: вот такие узлы, – он достаёт из карманов крупные свои кулаки и подносит их санитарке к лицу. – Зашили...» Санитарка, торопливо кивая, косится на женщину со страхом: почему хирург так уверен, что она ничего не слышит?.. Внезапно женщина проборматывает что-то неясное; сквозь путаницу прорывается: «...вынесите меня на воздух... на воздух...»

der Flaum, dringt in kalte Steinkeller ein, häuft sich auf Dachböden voller Gerümpel an, bedeckt wie lockere Asche das Innere menschlicher Wohnstätten, klammert sich an Kleider, an Blütenblätter und an Blätter von Bäumen – und wieder fliegt, fliegt, fließt in reichem Strom, blind und erbärmlich sein Recht behauptend, das trockene heiße Sperma des Sommers.

Wieder in der Intensivstation sieht die Pflegerin, dass nun schon beide Röhrchen aus den Nasenlöchern der Frau geglitten sind. Man müsste sie mit Heftpflaster befestigen, doch sie kann sich nicht überwinden, zur Schwester zu gehen, und ruft verstohlen den diensthabenden Chirurgen. Der Chirurg betritt das Krankenzimmer, die Hände tief in den Taschen, und spricht die Frau übertrieben laut an: «Na?! Wie geht's uns denn?! Was hätten wir denn gern?!» Ohne die Augen zu öffnen, antwortet die Frau überraschend deutlich: «Kalten Tee ... mit Zitrone ...» Der Chirurg blickt zur Seite, und es ist unklar, zu wem er sagt: «Oho! Wir haben aber ausgefallene Wünsche hier.» Er weist die Pflegerin an, die Röhrchen mit Heftpflaster festzumachen. «Nun, vielleicht etwas nicht so Kompliziertes? Bequemer liegen?» fährt der Chirurg fort.

Doch die Frau zeigt keine Reaktion. Der Chirurg fixiert seltsam eindringlich ihr Gesicht, dann beginnt er, auf Fersen und Zehen schaukelnd, der Pflegerin dozierend zu erklären: «Tja ... Sechsunddreißig Jahre. Leberkrebs. Wir schneiden sie auf: solche Tumore.» Er zieht seine großen Fäuste aus den Taschen und hält sie der Pflegerin vors Gesicht. «Haben sie gleich wieder zugenäht.» Während sie hastig nickt, streift die Pflegerin die Frau mit einem ängstlichen Blick: Warum ist sich der Chirurg so sicher, dass sie nichts hört? Mit einem Mal murmelt die Frau etwas Undeutliches, aus dem Gestammel dringen die Worte: « ... tragt mich an die Luft ... an die Luft ...»

«Ско́ро! Вы́несут!» – с неожи́данной зло́бой говори́т хиру́рг и ожесточённо, с внеза́пной си́лой ударя́ет друг о дру́га указа́тельными па́льцами, образу́я над лицо́м же́нщины молниено́сный крест.

И выхо́дит прочь, не взгляну́в на краси́во смазли́вую медсестру́.

А санита́рка продолжа́ет лета́ть на побегу́шках, но тепе́рь она́ стара́ется не смотре́ть в сто́рону окна́. Но́чью, у двере́й пала́ты, она́ натыка́ется на лифтёршу и гардеро́бщицу. Они́, с пло́хо скрыва́емым любопы́тством, глядя́т из коридо́ра на то, что лежи́т сейча́с нога́ми к дверя́м.

Пото́м зри́телей отгоня́ют две операцио́нные медсестры́, вка́тывая в пала́ту о́чень гру́зную стару́ху, они́ перекла́дывают её за перегоро́дкой на свобо́дную ко́йку. Стару́ха то́лько начина́ет выходи́ть из нарко́за; она́ безостано́вочно, о́чень бы́стро мота́ет голово́й по поду́шке, при э́том же заполо́шно вопя́: «О-о-о-й-ёй! покати́лась моя́ голова́-а́-а́! держи́те мою́ го́лову-у-у!» Ви́дно, голова́ у неё жу́тко кру́жится. Санита́рка с си́лой сжима́ет ей виски́, прида́вливая го́лову к поду́шке. «Успоко́йтесь, – говори́т она́, как ребёнку, – успоко́йтесь, я прошу́. Опера́цию вам уже́ сде́лали, – она́ растя́гивает слова́, убаю́кивая стару́ху. – Уже́ сде́лали, слы́шите?.. Пожа́луйста, ба́бушка!..» Но э́то на ре́дкость си́льная стару́ха! Она́ так и норови́т вы́рваться, что́бы сно́ва покати́ть свою́ го́лову неизве́стно куда́. Санита́рка сно́ва сжима́ет её, всем то́неньким те́лом помога́я свои́м рука́м, и ей нра́вится э́та неожи́данная си́ла в стару́хе.

Стару́ха сро́чно опери́рована по по́воду о́строй кише́чной непроходи́мости, и сейча́с из неё начина́ет безу́держно хлеста́ть жи́дкий кал. Санита́рка с удесятерённой си́лой выдёргивает из-под стару́хи

« Raustragen? Bald! » sagt der Chirurg in plötzlich auf-flammendem Zorn und schlägt erbittert, mit jäher Wucht einen Zeigefinger über den anderen, so dass sich über dem Gesicht der Frau blitzartig ein Kreuz zeigt.

Und er geht fort, ohne dem schönen Lärvchen der Schwester einen Blick zu schenken.

Die Pflegerin läuft weiterhin nach diesem und jenem, doch nun vermeidet sie es, zum Fenster hin zu sehen. In der Nacht stößt sie an der Zimmertür auf die Liftfrau und die Garderobiere. Mit schlecht verhohlener Neugier blicken sie vom Flur aus auf das, was da jetzt mit den Füßen zur Tür liegt.

Dann werden die Zuschauer von zwei Operationsschwestern vertrieben, die eine sehr massige alte Frau ins Zimmer schieben und sie auf das freie Bett hinter der Stellwand betten. Die alte Frau erwacht gerade erst aus der Narkose; sie wirft unaufhörlich sehr schnell ihren Kopf auf dem Kissen hin und her und heult dabei markerschütternd: « Oohjee! Mein Kooopf rollt weg, haltet meinen Kooopf! » Offenbar ist ihr entsetzlich schwindlig. Die Pflegerin hält mit Gewalt ihre Schläfen fest und drückt den Kopf aufs Kissen. « Beruhigen Sie sich », sagt sie wie zu einem Kind. « Ich bitte Sie, beruhigen Sie sich, Sie sind schon operiert worden. » Sie dehnt die Worte, um die alte Frau einzulullen. « Sie sind schon operiert worden, hören Sie? Bitte, Oma ... » Doch diese alte Frau ist außergewöhnlich stark. Sie hat es nun einmal darauf abgesehen, sich loszureißen, um ihren Kopf erneut wer weiß wohin zu rollen. Die Pflegerin hält sie wieder fest, wobei ihr ganzer zierlicher Körper den Händen zu Hilfe kommen muss, und die überraschende Stärke der Alten gefällt ihr.

Die alte Frau ist wegen akuten Darmverschlusses operiert worden, und nun verliert sie unaufhaltsam Ströme dünnen Kots. Mit plötzlich vermehrten Kräften zieht die Pflegerin das beschmutzte Laken unter der alten Frau hervor, wäscht

гря́зное, подмыва́ет её тёплой водо́й, протира́ет клеёнку, застила́ет чи́стое бельё. Она́ проде́лывает э́то сно́ва и сно́ва, но кал так и хлёщет, прито́м в са́мые неожи́данные моме́нты, так что никако́е су́дно не помога́ет. Но она́ с весёлой гото́вностью перестила́ет и перестила́ет гру́зную старуху, мы́сленно пригова́ривая *дава́й, ба́бушка, дава́й ещё, ми́лая*, и уже́ не обраща́ет внима́ния на я́вное неудово́льствие медсестры́, запрети́вшей транжи́рить бельё, не замеча́ет тя́жести приподнима́емой ту́ши, смеётся, слу́шая простонаро́дную стару́хину матерщи́ну, и ей не проти́вен густо́й тя́жкий смрад тёплых челове́ческих испражне́ний, потому́ что э́то за́пах, прису́щий живо́му, несравни́мо прекра́сней того́ неподви́жного, ти́хого, чи́стого и вся́кого за́паха пока́ лишённого, что лежи́т сейча́с за перегоро́дкой.

У́тром ко́йка за перегоро́дкой пуста́.

Санита́рка протира́ет на не́й лизо́лом клеёнку, мо́ет пол. Лизо́л до рво́ты воня́ет ту́хлой колбасо́й, ру́ки от него́ мертве́ют, но э́то всё равно́ здо́рово, потому́ что че́рез не́сколько мину́т, де́вочка э́то уже́ зна́ет, они́ начну́т чу́вствовать сно́ва. Тюльпа́ны она́ оставля́ет на ту́мбочке. Цветы́ впита́ли тако́е, по́сле чего́ и́м не ме́сто в живо́м дому́.

А на у́лице тополи́ного пу́ха бо́льше нет. Ше́дший всю ночь дождь на́смерть приби́л его́ к асфа́льту, а те клочки́, кото́рые, пыта́ясь уцеле́ть, заби́лись в ще́ли и закоу́лки, без труда́ разве́ял лёгкий ве́тер и то́же уничто́жил дождь.

sie mit warmem Wasser ab, wischt die Wachstuchunterlage sauber, bezieht das Bett frisch. Sie tut das wieder und wieder, aber der Kot strömt nur so, und zwar derart schnell, dass keine Bettpfanne hilft. Doch sie bezieht der massigen alten Frau mit fröhlicher Bereitwilligkeit ein ums andere Mal der Bett neu und sagt dabei in Gedanken vor sich hin: «Weiter so, Oma, mach weiter, meine Gute», sie beachtet die sichtliche Unzufriedenheit der Schwester nicht mehr, die ihr verboten hat, Bettwäsche zu verschwenden, spürt das Gewicht des kranken Körpers nicht, wenn sie ihn anhebt, lacht, wenn sie die volkstümlichen Mutterflüche der Alten hört, und der intensive schwere Gestank warmer menschlicher Exkremente widert sie nicht an, ist doch dieser dem Lebendigen eigene Geruch unvergleichlich schöner als jenes Unbewegliche, Stille, Saubere und bislang noch völlig Geruchlose, das jetzt hinter der Stellwand liegt.

Am Morgen ist das Bett hinter der Stellwand leer.

Die Pflegerin wischt die Wachstuchunterlage mit Lysol ab und putzt den Boden. Das Lysol stinkt zum Erbrechen nach verdorbener Wurst und macht die Hände taub, aber es ist trotzdem eine feine Sache, und das Gefühl kommt nach ein paar Minuten zurück, wie das junge Mädchen schon weiß. Die Tulpen lässt sie auf dem Nachtschränkchen stehen. Mit dem, was die Blumen in sich aufgenommen haben, gehören sie nicht in einen lebendigen Haushalt.

Draußen gibt es keinen Pappelflaum mehr. Der Regen, der die ganze Nacht fiel, hat ihn auf dem Asphalt zerschlagen, und die Bäusche, die im Versuch davonzukommen in Spalten und Winkel gedrungen waren, hat mühelos ein leichter Wind verweht, und dann hat sie der Regen ebenfalls vernichtet.

Мада́м, э́то она́ мне, ведь ска́зано бы́ло, не на вас офо́рмлено, всё равно́ не вы́дам, вре́мя не занима́йте.

Ка́ждый день е́зжу, а э́та кра́шеная всё грубе́й и грубе́й. А други́е подхо́дят и про́сто беру́т, бе́зо вся́ких спра́вок, счастли́вые. Го́споди, я с ума́ схожу́, како́е сча́стье. Вон па́рень подошёл, взял и в су́мку положи́л, накры́л целлофа́ном, на меня́ посмотре́л, ему́ хоть бы что.

Для меня́ гла́вное – вре́мя вы́играть, гла́вное, успе́ть, что́бы она́ не перехвати́ла. Я э́той кра́шеной бро́шку сего́дня подари́ла, Па́лех, в перехо́де купи́ла. Я ей вру напроло́м, ну на сестру́ всё офо́рмлено, она́ уже́ обра́тно к себе́ в Кана́ду уе́хала. Ну что мне де́лать, я всю кварти́ру переры́ла, не нашла́ докуме́нта, что ж тепе́рь, не преда́ть земле́? А э́та кра́шеная мне, не похо́же по вас, что сестра́ у вас в Кана́де. Э́то хорошо́, что она́ так сказа́ла, за́втра я ей зо́нтик принесу́, но́вый, япо́нский. Нет, лу́чше духи́ францу́зские, сра́зу возьмёт.

Знал бы ты, Фе́дя, как я тут стара́юсь. А он наверняка́ зна́ет, душа́ его́ ещё здесь, всё ви́дит, ви́дит, как я здесь бе́гаю под сне́гом. Он мой, мой, бо́льше ниче́й, что б Татья́на мне ни говори́ла.

Сама́ его́ ко мне привела́, мо́жно, он у тебя́ переночу́ет, жена́ его́, когда́ он вы́пивший, в дом его́ не пуска́ет, у нас на рабо́те вечери́нка была́, а он три рю́мки и сра́зу пья́ный. Жена́ его́ на ле́стницу выгоня́ет и ве́щи выки́дывает, в подъе́зде хо́лодно, ему́ домо́й нельзя́.

Galina Baschkirowa: Mir allein

Madame, sagt die zu mir, ich hab es Ihnen doch gesagt, es läuft halt nicht auf Ihren Namen, ich geb sie Ihnen nicht, also stehlen Sie mir nicht die Zeit.

Jeden Tag komme ich her, und diese Geschminkte wird immer gemeiner. Andere kommen rein und nehmen ihre einfach mit, ohne jede Bescheinigung, die Glücklichen. Herrgott im Himmel, ich würde den Verstand verlieren vor lauter Glück. Gerade ist ein Junge reingekommen, hat seine genommen und in die Tasche gesteckt, hat Zellophan drübergelegt, dann hat er mich angeguckt, ja, der hat gut lachen.

Für mich ist das Wichtigste, keine Zeit zu verlieren, so schnell zu sein, dass sie mir nicht zuvorkommt. Ich hab der Geschminkten heute eine Brosche geschenkt, Palech-Malerei, in der Unterführung gekauft. Ich lüg ihr das Blaue vom Himmel runter, es würde alles auf den Namen meiner Schwester laufen, und die wäre schon wieder nach Hause, nach Kanada zurückgeflogen. Was sollte ich da machen, die ganze Wohnung hätte ich durchwühlt und das Papier nicht gefunden, was nun, soll sie deshalb nicht unter die Erde? Da sagt mir die Geschminkte, Sie sehen nicht nach ner Schwester in Kanada aus. Gut, dass sie das gesagt hat, morgen bring ich ihr einen Schirm mit, einen neuen aus Japan. Nein, lieber französisches Parfüm, das nimmt sie sofort.

Wenn du wüsstest, Fedja, wie ich mich hier abmühe! Er weiß es aber sicher, seine Seele ist ja noch da und sieht alles, auch, wie ich hier im Schneetreiben rumlaufe. Er gehört mir, mir und sonst keinem, was Tatjana auch sagt.

Dabei war sie es, die ihn zu mir gebracht hat, kann er bei dir übernachten, seine Frau lässt ihn nicht rein, wenn er was getrunken hat, bei uns im Betrieb war eine Feier, und er ist nach drei Gläsern schon betrunken. Seine Frau setzt ihn an die Luft und wirft seine Sachen raus, auf dem Flur ist es kalt, nach Hause kann er nicht. Und zu mir, sagt

И ко мне, говори́т Татья́на, то́же нельзя́, мать ста́рая, не так поймёт. Ну ла́дно, говорю́. Разложи́ли мы ему́ раскладу́шку на ку́хне, засну́л, а лицо́ тако́е де́тское, хоть он и с бородо́й. Всю ночь не спала́, ходи́ла его́ проверя́ть, пле́дом накры́ла, смотрю́, боти́нки торча́т, а вдруг жмут, стяну́ла с него́ боти́нки, носки́ па́хнут, на пя́тке ды́рка. В га́лстуке спит, я ему́ у́зел оттяну́ла, чтоб ничего́ не дави́ло. Так всю ночь к нему́ и бе́гала.

А наза́втра ве́чером звоно́к. В одно́й руке́ ро́за, в друго́й портфе́ль, я, говори́т, извини́ться пришёл, за вчера́шнее. Буты́лку принёс, э́то, говори́т, хоро́шая во́дка, не в ларьке́, в магази́не ку́плена. Я вы́пила две рю́мки и он две, я опьяне́ла, а он мне о рабо́те на́чал расска́зывать о свое́й. Ничего́ не понима́ю, но так ую́тно ста́ло, так хорошо́. Он меня́ поцелова́л, мы до́лго про́сто так сиде́ли, я сама́ его́ пото́м оста́вила, до сих пор удивля́юсь, что э́то со мной бы́ло. Я его́ оста́вила, он и оста́лся. То́лько домо́й ча́сто ходи́л, жена́ на ле́стницу его́ кни́ги выки́дывала. И тако́й у неё хара́ктер, ка́ждый день понемно́жку. А Фе́дя мне сказа́л, она не понима́ет, что твори́т, э́ти мои́ уче́бники у букини́стов нарасхва́т.

Вот стоя́т его́ кни́ги на мои́х по́лках, всю жизнь бу́дут стоя́ть. Я ему́ э́ти по́лки наро́чно освободи́ла, ста́рые журна́лы вы́бросила, собра́ния сочине́ний раздари́ла. Заче́м мне, а ему́ ну́жно свои́ кни́ги по поря́дку расста́вить.

Э́та кра́шеная меня́ с ума́ сведёт, всем выдаёт, а мне нет. Я ей са́мое ну́жное, с кла́дбища квита́нцию принесла́, с па́пиной моги́лы. Там

Tatjana, kann er auch nicht, meine Mutter ist alt, die versteht das falsch. Na gut, sage ich. Wir haben in der Küche das Klappbett für ihn aufgestellt, er ist eingeschlafen, das Gesicht ganz kindlich, trotz des Barts. Die ganze Nacht hab ich nicht geschlafen, hab ständig geguckt, ob alles in Ordnung ist, hab ihn mit der Wolldecke zugedeckt, hab gesehen, die Schuhe gucken raus, wenn sie nun drücken, hab ihm die Schuhe ausgezogen, die Socken riechen, an der Ferse ist ein Loch. Die Krawatte hat er noch um, ich hab den Knoten gelockert, dass ihn nichts einengt. Die ganze Nacht bin ich so zu ihm hingelaufen.

Am Abend drauf klingelt es. In der einen Hand eine Rose, in der anderen die Aktentasche, ich möchte mich entschuldigen, sagt er, wegen gestern. Eine Flasche hat er mitgebracht, das ist guter Wodka, sagt er, aus dem Geschäft, nicht aus einer Bude. Ich hab zwei Gläser getrunken und er auch, ich war beschwipst, und er hat angefangen, mir von seiner Arbeit zu erzählen. Ich hab nichts verstanden, aber es wurde so gemütlich, so schön. Er hat mich geküsst, wir haben lange einfach so dagesessen, dann hab ich ihn selbst dabehalten, bis heute staune ich, dass mir das passiert ist. Ich hab ihn dabehalten, und er ist dageblieben. Allerdings ist er öfters nach Haus gegangen, denn seine Frau hat ständig seine Bücher ins Treppenhaus geworfen. Das ist so ihre Art, jeden Tag ein bisschen. Fedja hat mir gesagt, sie weiß nicht, was sie tut, um seine Lehrbücher reißen sie sich in den Antiquariaten.

Da stehen seine Bücher auf meinen Regalen, mein Leben lang werden sie dort stehen. Ich hab die Regale extra für ihn freigemacht, die alten Zeitschriften hab ich weggeworfen, die Werkausgaben verschenkt. Ich brauch sie nicht, und er muss doch seine Bücher ordentlich hinstellen können.

Die Geschminkte macht mich wahnsinnig, allen gibt sie ihre, nur mir nicht. Das Wichtigste hab ich ihr gebracht, eine Bestätigung vom Friedhof, für Papas Grab. Dort ging

всё легко́ получи́лось, я дире́ктору де́ньги су́нула, он сра́зу всё и написа́л. Прие́хала со спра́вкой, с духа́ми францу́зскими. А там никого́, слы́шно, что они́ в за́дней ко́мнате едя́т и телеви́зор смо́трят. Ничего́, подожду́. Стою́, вся дрожу́. Выхо́дит э́та кра́шеная, лицо́ толстомо́рдое, гу́бы ладо́шкой вытира́ет, е́ла что-то жи́рное. Нет, говори́т, не дам, не нужна́ мне ва́ша спра́вка, всё равно́, не на вас запи́сано. А духи́ ца́пнула, не моргну́ла.

Фёдя, ну что мне с тобо́й де́лать? У́мер у неё на ле́стнице, пошёл за кни́жками, сел и у́мер. Пря́мо на ле́стнице. Как всё случи́лось, никто́ не зна́ет. Ты присе́л, она́ не вы́шла, ей про́сто наплева́ть. И как он с тако́й де́сять лет прожи́л? Она́ его́ ве́щи про́сто ненави́дела. Всё за поро́г выки́дывала. Он пришёл за моногра́фией, она́ дублёнку за поро́г вы́кинула. Дублёнка ста́рая, карма́н рва́ный. Я карма́н почини́ла, а пото́м испуга́лась, сама́ не зна́ю почему́, распоро́ла карма́н обра́тно.

Я на по́хороны не пошла́, жена́ хорони́ла. Я Татья́не де́ньги на цветы́ дала́, скажи́, что от рабо́ты. А жена́ его́ догада́лась, от кого́ цветы́, от кого́? И прогнала́ Татья́ну с моими цвета́ми. Мы, сказа́ла, хоро́ним без цвето́в. Как э́то, без цвето́в, ника́к не пойму́. Вот они́ стоя́т на пиани́но, Фёдины ро́зы, уже́ завя́ли, я их засушу́, они́ у меня́ так и бу́дут стоя́ть. Он ро́зы люби́л. У́тром по суббо́там просыпа́юсь, а меня́ ро́за ждёт. Буто́н.

Е́сли она́ все ве́щи его́ выки́дывала, она́

alles glatt, ich hab dem Direktor Geld zugesteckt, und er hat sie gleich geschrieben. Mit der Bescheinigung und dem französischen Parfüm bin ich wieder hingefahren. Keiner da, aber man hört, dass sie im Hinterzimmer essen und fernsehen. Macht nichts, ich warte. Steh da und zittere. Da kommt die Geschminkte raus, mit ihrer breiten Visage, wischt sich mit dem Handrücken über die Lippen, hat was Fettiges gegessen. Nein, sagt sie, ich geb sie nicht her, Ihre Bescheinigung brauch ich nicht, es ist nun mal nichts auf Sie eingetragen. Aber das Parfüm hat sie sich geschnappt, ohne mit der Wimper zu zucken.

Was soll ich nur mit dir machen, Fedja? Er ist bei ihr auf der Treppe gestorben, wollte Bücher holen, hat sich hingesetzt und ist gestorben. Direkt auf der Treppe. Wie das passiert ist, weiß keiner. Du hast dich hingehockt, und sie ist nicht rausgekommen, hat sich einen Dreck draus gemacht. Wie hat er bloß zehn Jahre mit so einer gelebt? Sie hat seine Sachen einfach gehasst. Alles zur Tür rausgeworfen. Er wollte eine Monografie holen, sie warf die Lammfelljacke zur Tür raus. Die Jacke war alt, eine Tasche war eingerissen. Ich hab die Tasche geflickt, dann hab ich einen Schreck gekriegt, warum weiß ich selbst nicht, und die Tasche wieder aufgetrennt.

Zur Einäscherung bin ich nicht gegangen, seine Frau hat ihn einäschern lassen. Ich habe Tatjana Geld für Blumen gegeben, sie sollte sagen, die sind vom Betrieb. Aber seine Frau hat's erraten, hat gefragt, von wem sind die Blumen, von wem? Und hat Tatjana mit meinen Blumen weggeschickt. Wir machen das ohne Blumen, hat sie gesagt. Wie kann das sein, ohne Blumen, das begreif ich nicht. Da stehen sie auf dem Klavier, Fedjas Rosen, schon verwelkt, ich werd sie trocknen, sie bleiben einfach hier stehen. Er hat Rosen geliebt. Jeden Samstagmorgen hat mich beim Aufwachen eine Rose erwartet. Eine Knospe.

Wenn sie alle seine Sachen weggeworfen hat, nimmt sie

и у́рну не возьмёт. А е́сли возьмёт, то́же вы́кинет. Захора́нивать поло́жено на сороково́й день, не по́зже, вот мне и ну́жно успе́ть. Мне на́до, что́бы Фе́дя успоко́ился. Ско́лько он у меня прожи́л? Ме́ньше го́да. А ка́жется, всю жизнь. За́мужем была́ во́семь лет, а ничего́ не по́мню, Ми́ша ушёл, я и не заме́тила. Нам вдвоём ску́чно бы́ло, осо́бенно по выходны́м. А Фе́дя, мы всё вре́мя разгова́ривали, до но́чи, о чём, обо всём, о его́ рабо́те, о Росси́и. Ся́дем пе́ред телеви́зором, он волну́ется, объясня́ет мне. А я да́же не слу́шаю, на него́ любу́юсь. Тако́й краси́вый, глаза́ се́рые, глубо́кие, во́лосы чёрные с про́седью и борода́, как у Че́хова. Он весь был, как Че́хов, высо́кий, суту́лый, а сам из То́мска. Томск – университе́тский го́род.

Почему́ Татья́на говори́ла, что Фе́дя выпива́ет. Со мной он и не пил во́все. Иногда́ я сама́ покупа́ла, смирно́вскую. Вы́пьем в выходны́е по рюмке – и хва́тит. Ещё он пил, когда от неё приходи́л. Он туда́ ходи́л, потому́ что за кни́ги боя́лся. Она́ ему́ грози́лась его́ кни́жный шкаф вообще́ вы́кинуть. Как ни придёт, книги валя́ются по всей ле́стнице. Пусть по нау́ке, а вдруг кто возьмёт. Фе́дя над кни́гами про́сто дрожа́л, вот она́ и по́льзовалась, му́чила его́, все сразу не отдава́ла. Татья́на говори́т, она́ его́ всё вре́мя выгоня́ла. То выгоня́ла, то выки́дывала. Как так мо́жно жить? А Фе́дя терпе́л. Терпе́л, до терпе́лся. Наверняка́ его́ мо́жно бы́ло спасти́. Я бы спасла́. Инфа́ркт. Тут ка́ждая мину́та дорога́. А она́, говори́т, дверь че́рез

auch die Urne nicht. Und wenn sie sie nimmt, wirft sie sie ja doch weg. Beerdigungen sollten am vierzigsten Tag sein, nicht später, und bis dahin muss ich es schaffen. Es ist mir ein Bedürfnis, dass Fedja seine Ruhe findet. Wie lange hat er bei mir gelebt? Weniger als ein Jahr. Aber mir kommt es vor wie das ganze Leben. Acht Jahre war ich verheiratet, an nichts kann ich mich erinnern, als Mischa ging, hab ich's nicht mal gemerkt. Uns war langweilig miteinander, besonders am Wochenende. Aber Fedja und ich, wir haben uns die ganze Zeit unterhalten, bis in die Nacht, über dies, über das, über seine Arbeit, über Russland. Wenn wir vor dem Fernseher saßen, war er ganz aufgeregt, hat mir alles erklärt. Ich hab nicht mal zugehört, hab mich bloß an ihm gefreut. So schön war er, die grauen tiefliegenden Augen, das graumelierte schwarze Haar und der Bart wie der von Tschechow. Er war überhaupt wie Tschechow, groß, etwas krumm. Und er war aus Tomsk. Tomsk ist eine Universitätsstadt.

Warum hat Tatjana behauptet, dass Fedja öfters trinkt? Mit mir hat er kein bisschen getrunken. Manchmal hab ich selber was gekauft, Smirnowskaja. Am Wochenende haben wir jeder ein Glas getrunken, und das war's. Dann hat er noch getrunken, wenn er von ihr kam. Er ist hingegangen, weil er um die Bücher Angst hatte. Sie hat ihm angedroht, seinen ganzen Bücherschrank rauszuwerfen. Sooft er kam, lagen Bücher im Treppenhaus verstreut. Wenn's auch wissenschaftliche waren, hinterher nimmt sie doch einer. Fedja hat einfach gezittert um seine Bücher, und das hat sie benutzt, hat ihn gequält, hat nicht alle auf einmal hergegeben. Tatjana sagt, sie hat ihn immerzu rausgeschmissen. Mal ihn rausgeschmissen, mal seine Sachen weggeworfen. Wie kann man so leben? Fedja hat es ausgehalten. Und zum Schluss dann nicht mehr. Sicher hätte man ihn retten können. Ich hätte ihn gerettet. Herzinfarkt. Da kommt es auf jede Minute an. Und die hat nach einer

час откры́ла, посмотре́ть все ли кни́ги забра́л. А Фе́дя на ступе́ньке сиди́т, зна́чит, разры́в се́рдца. Она́ его́ про́сто уби́ла, сво́лочь така́я, га́дина.

Уби́ла, а у́рна ей достаётся, по зако́ну. Нет тако́го зако́на, он мой. Фе́дя мне так и говори́л, я твой, бо́льше ниче́й. Подлечи́сь, ребёнка хочу́, нам с тобо́й ребёнок ну́жен. Почему́ я сра́зу не ки́нулась лечи́ться, что за глу́пость така́я, была́ бы сейча́с бере́менная, совсе́м друга́я жизнь. Был бы ребёнок от Фе́ди. А так от него́ оста́лась одна́ я.

С э́той кра́шеной всё я́сно, пода́рки – э́то для неё ерунда́. Так мо́жно год це́лый ходи́ть. Весь дом вы́несу, а то́лку не бу́дет. На́до ей по-кру́пному су́нуть. Де́нег нет.

Мы с Фе́дей легко́ жи́ли, ничего́ не откла́дывали. Приходи́ли же к нему́ аспира́нты на консульта́ции, плати́ли в до́лларах. А Фе́дя меня́ сра́зу в рестора́н. В до́лларах, вот-вот, ве́рно, в до́лларах ей на́до су́нуть.

У ма́мы взяла́, у бра́та, у Татья́ны попроси́ла. Я ей призна́лась, зря, коне́чно. Татья́на на меня́, ты сумасше́дшая, шизофрени́чка, тебя́ лечи́ть на́до! Ты понима́ешь, что э́то уголо́вное преступле́ние, ты получа́ешься воро́вка, тебе́ на э́ти до́ллары лека́рств купи́ть на́до, к врачу́ тебя́ поведу́. А у неё, пра́вда, есть знако́мый психиа́тр, я Татья́ну боюсь, она́ ба́ба заполо́шная, она́ мне не помо́щница. Отдава́й обра́тно де́ньги, крича́ла мне Татья́на, и заче́м я вас то́лько познако́мила, ты на нём помеша́лась. И отняла́ у меня́ де́ньги. А я всё равно́ собрала́ ско́лько реши́ла.

Прие́хала, а у них ры́бой па́хнет, сно́ва едя́т.

Stunde die Tür aufgemacht, sagt sie, um zu gucken, ob er alle Bücher mitgenommen hat. Und Fedja hat auf der Stufe gesessen, Herzschlag halt. Sie hat ihn einfach umgebracht, dieses Luder, dieses Dreckstück.

Umgebracht hat sie ihn, aber die Urne steht ihr zu, dem Gesetz nach. So ein Gesetz gibt's nicht, er gehört mir. Fedja hat mir das genau so gesagt, ich gehöre dir, sonst keinem. Geh zum Arzt, ich will ein Kind, du und ich, wir brauchen ein Kind. Warum bin ich nicht gleich zum Arzt gerannt, was für eine Dummheit, jetzt wär ich schwanger, ein ganz anderes Leben wäre das. Es gäb ein Kind von Fedja. Und so bin ich das einzige, was von ihm geblieben ist.

Mit der Geschminkten ist alles klar, Geschenke sind Lappalien. Damit kann ich ein ganzes Jahr lang zu ihr hinlaufen. Und wenn ich alles leermachte, es käme nichts dabei heraus. Die braucht was Ordentliches. Aber Geld ist keins da.

Fedja und ich haben sorglos gelebt, nichts gespart. Er hat ja Doktoranden betreut, die haben in Dollar bezahlt, und Fedja ist dann gleich mit mir ins Restaurant. In Dollar, richtig, das ist es, Dollars muss man ihr zustecken.

Von Mama hab ich mir Geld geliehen, von meinem Bruder, Tatjana hab ich auch gefragt. Ich hab ihr alles erzählt – was natürlich verkehrt war. Tatjana hat mich angeschrieen, du bist wahnsinnig, schizophren, du musst in Behandlung! Begreifst du nicht, das ist eine Straftat, du bist eine Diebin, du musst dir Medikamente kaufen für diese Dollars, ich bring dich zum Arzt. Und ein Bekannter von ihr ist wirklich Psychiater. Ich hab Angst vor Tatjana, sie ist ein überdrehtes Weibsbild, sie ist mir keine Hilfe. Gib das Geld zurück, schrie Tatjana, wozu habe ich euch bloß bekannt gemacht, du bist ja besessen von ihm. Und hat mir das Geld weggenommen. Aber ich hab trotzdem so viel zusammengekriegt, wie ich wollte.

Ich komme da an, und bei denen riecht es nach Fisch, sie

Я на их обе́д попада́ю. Тётка, кото́рая венка́ми торгу́ет, кричи́т, То́мка, к тебе́ твоя́ малахо́льная пришла́. Э́то я, зна́чит. Выхо́дит моя́ кра́шеная, я ей сра́зу сто до́лларов одно́й бума́жкой – говорю́, отда́й мне у́рну, не му́чай меня́. Она́ мне, чёрт с тобо́й, бери́, надое́ла ты мне, у меня́ тут урн полно́ невостре́бованных, приду́т, другу́ю отда́м.

Ну вот, Фе́дя, никогда́ мы с тобо́й тепе́рь не раста́немся, ты пока́ у меня́ до́ма постои́шь, а весно́й я тебя́ сама́ захороню́, в па́пину моги́лу и на́дпись на па́мятнике закажу́ с твое́й фами́лией. Я ма́му пе́ред фа́ктом поста́влю, ей Фе́дя нра́вился. Он всем нра́вился, кро́ме неё, все его́ люби́ли.

Фе́денька, ты слы́шишь меня́? Тепе́рь ты совсе́м мой.

essen schon wieder. Ich stör sie beim Mittagessen. Die Person, die Kränze verkauft, ruft, du, Tomka, deine Spinnerte ist wieder da. Das bin also ich. Meine Geschminkte kommt raus, ich reich ihr sofort den Hundertdollarschein und sag, gib mir die Urne, quäl mich nicht länger. Sie sagt, zum Teufel mit dir, nimm sie, du stehst mir schon bis hier, ich hab einen Haufen Urnen, die keiner will, wenn jemand kommt, geb ich ihm eine von denen.

Siehst du, Fedja, nun werden wir uns nie mehr trennen, erst stehst du bei mir zu Hause, und im Frühjahr beerdige ich dich, in Papas Grab, und auf den Grabstein lass ich eine Inschrift mit deinem Namen machen. Mama stell ich vor vollendete Tatsachen, sie hat Fedja gemocht. Alle mochten ihn, nur sie nicht, alle haben ihn geliebt.

Fedjenka, hörst du mich? Jetzt gehörst du mir allein.

Людми́ла Петруше́вская: Мла́дший брат

В оди́н прекра́сный моме́нт мать не вста́ла буди́ть сы́на, а равноду́шно оста́лась лежа́ть в посте́ли, так они́ и спа́ли, мать и трусли́во вжа́вшийся в поду́шку двадцати́пятиле́тний сын, ожида́ющий да́же во сне, что с него́ сдёрнут одея́ло и начну́т лить холо́дную во́ду на го́лову, така́я пы́тка и тако́й ме́тод побу́дки вот уже́ с восьмо́го кла́сса (т. е. бо́лее десяти́ лет, ста́ршие кла́ссы, весь институ́т и тепе́рь аспиранту́ра, в восьмо́м кла́ссе он как раз отказа́лся встава́ть у́тром, мать зане́рвничала и т. д.).

Мать, как все ма́тери, да ещё и бы́вшая краса́вица, гроза́ старико́в в чина́х, тому́ подтвержде́нием фотогра́фии на стене́, где она́ ря́дом с ви́дными пожилы́ми знамени́тостями всего́ ми́ра – эта мать не всегда́ была́ тако́й то́лстой ба́бой с загри́вком мо́щной льви́цы, с коря́выми от артри́та рука́ми, а была́ небе́сной красоты́ де́вушкой-ребёнком в причёске а ля Брижи́т Бардо́, лохма́тая золота́я гри́ва, больши́е глаза́ и рот вку́пе с ма́леньким курно́сым но́сиком, чу́до, плюс два языка́ и больши́е ожида́ния.

Получи́лось же вот что: ра́нняя бере́менность, мать поддержа́ла, зате́м: муж подлёц давно́ ушёл, ста́ршая дочь стару́ха под пятьдеся́т то́же с пьющим му́жем, и давно́ все отноше́ния с ни́ми по́рваны, да́же вари́ть им варе́нье как ра́ньше не име́ет смы́сла, зятёк всё равно́ всё пропьёт и сло́пает, де́тям не оста́вит, а вника́ть в их разуха́бистую жизнь, разводи́ть их надое́ло, всё прое́хало, оста́лся то́лько телефо́н, по кото́рому мать звони́т стару́хе-до́чери и жа-

Ljudmila Petruschewskaja: Der jüngere Bruder

Eines schönen Tages stand die Mutter nicht auf, um den Sohn zu wecken, sondern blieb gleichgültig im Bett liegen, so schliefen sie, die Mutter und der 25jährige Sohn, der sich ängstlich ins Kopfkissen drückte, weil er sogar im Schlaf darauf gefasst war, dass ihm die Decke weggezogen und kaltes Wasser über den Kopf geschüttet wird, so die Folter und die Weckmethode schon seit der 8. Klasse (d.h. über zehn Jahre – die oberen Klassen, die ganze Uni hindurch und jetzt die Aspirantur, in der 8. Klasse begann es, dass er sich weigerte, morgens aufzustehen, die Mutter wurde nervös usw.).

Eine Mutter wie alle Mütter, dazu eine ehemalige Schönheit, der Schrecken alter Männer von Rang und Namen, wovon die Fotos an der Wand zeugten, auf denen sie neben bedeutenden alten Berühmtheiten aus der ganzen Welt steht – diese Mutter war nicht immer die dicke Matrone mit dem Nacken einer mächtigen Löwin, mit von Arthritis verkrümmten Händen, sondern war eine Kind-Frau von himmlischer Schönheit mit einer Frisur à la Brigitte Bardot, lockige Goldmähne, große Augen, großer Mund, dazu eine kleine Stupsnase, ein Wunder, plus zwei Sprachen und hohe Erwartungen.

Die Folge: frühe Schwangerschaft, Unterstützung durch die Mutter, weiter: der Mann, ein Schuft, längst auf und davon, die älteste Tochter eine alte Frau um die Fünfzig, ebenfalls mit einem Säufer als Mann, seit langem war jede Verbindung zu ihnen gekappt, nicht mal Konfitüre für sie zu kochen, wie früher, lohnte sich, das Schwiegersöhnchen vertrinkt sowieso alles und schlingt alles runter, lässt den Kindern nichts übrig, aber sich einzuschalten in deren allzu freies Leben, sie zu scheiden, hatte sie satt, dieser Zug war abgefahren, blieb nur das Telefon, mit dem die Mutter

лу́ется на непоси́льную тя́жесть жи́зни с сы́ном, э́то раз. Второ́е – э́то как раз тот са́мый сын, мла́дший сын-поскрёбыш, после́дняя уда́ча в жи́зни, еди́нственная любо́вь и сча́стье сорокале́тней роже́ницы, чу́до в три с полови́ной кило́ с дли́нными ресни́цами, кудря́ми и не́жным голоско́м уа́-уа́ – вот он как раз переста́л встава́ть по утра́м в шко́лу абсолю́тно и бесповоро́тно.

Реши́тельно лежа́л, лежа́л и без одея́ла, поли́тый из холо́дного ча́йника, холо́дный, без при́знаков во́ли, но лежа́л не встава́я, э́то был нача́льный этап. Второ́й эта́п был тако́й, что он всё-таки вска́кивал и в дра́ке с ма́терью отвоёвывал мо́крое одея́ло и броса́лся обра́тно на посте́ль, свора́чиваясь в по́зу голова́стика и́ли эмбрио́на, на пять мину́т, как он убежда́л вре́менно потеря́вшую си́лы мать, пять ма́леньких мину́ток. Да́лее, тре́тий пери́од, как в хокке́е, начина́лся с того́, что мать с но́выми си́лами набра́сывалась на него́, рассла́бившегося и спя́щего, и сдира́ла все покро́вы, а тут уже́ ря́дом стоя́л ко́фе с бу́лочкой на подно́се на сто́лике, всё благоро́дно, ну вы́пей, съешь, что ты.

Ежедне́вный ритуа́л подъёма зака́нчивался по́лной побе́дой ма́тери, сын да́же успева́л на пе́рвый уро́к, поду́мать то́лько! Бо́льше десяти́ лет борьбы́ по утра́м и борьбы́ по вечера́м идти́ ложи́ться спать, так как сын не жела́л ложи́ться спать и боя́лся э́того как сме́рти (вспо́мним, что у́тром его́ жда́ли три пери́ода борьбы́), он упо́рно де́лал то, де́лал всё, смотре́л после́дние но́вости, зате́м чита́л в убо́рной, до́лго пил чай, доводи́л де́ло до двух но́чи и всё в тако́м ро́де, пока́ мать не явля́лась гро́зная боро́ться с ним за своё

bei der alten Tochter anrief und sich über das unerträglich schwere Leben mit dem Sohn beschwerte, das war das eine. Das zweite war besagter Sohn, ihr Jüngster, der letzte Glücksfall in ihrem Leben, die einzige Liebe und das einzige Glück der vierzigjährigen Gebärenden, ein Wunder von dreieinhalb Kilo mit langen Wimpern, Locken und einem zarten Stimmchen – ua-ua – er war es, der morgens nicht mehr aufstand, um zur Schule zu gehen, entschieden und unwiderruflich.

Er lag entschlossen im Bett, auch ohne Decke, begossen mit kaltem Wasser aus dem Kessel, ohne Anzeichen von Willen, aber er lag da, ohne aufzustehen, das war die Anfangsetappe. Die zweite Etappe war, dass er immerhin aufsprang und in einer Kappelei mit der Mutter die nasse Zudecke zurückeroberte, sich wieder ins Bett warf und sich in die Pose einer Kaulquappe oder eines Embryos zusammenkringelte, für fünf Minuten, wie er der für kurze Zeit entkräfteten Mutter versicherte, fünf kleine Minütchen. Weiter, die dritte Spielzeit begann, wie beim Hockey, damit, dass sich die Mutter mit neuen Kräften auf ihn warf, auf den willenlosen und schlafenden, und alle Decken von ihm zerrte, neben dem Bett stand schon der Kaffee mit dem Brötchen auf dem Tablett auf dem Tischchen, alles nobel, nun trink, iss, nun mach schon.

Der tägliche Weckritus endete mit einem vollen Sieg der Mutter, der Sohn schaffte es sogar zur ersten Stunde, das stellen Sie sich vor! Mehr als zehn Jahre Kampf am Morgen und Kampf am Abend, wenn es ums Schlafengehen ging, denn der Sohn wollte nicht schlafen gehen und fürchtete das wie den Tod (erinnern wir uns, dass am Morgen seiner drei Kampfrunden harrten), hartnäckig machte er dies und machte jenes, sah die letzten Nachrichten, las dann auf dem Klo, trank lange Tee, trieb die Sache bis zwei Uhr nachts und immer so weiter, bis drohend die Mutter erschien, um mit ihm für ihr gutes Recht auf Erholung zu

пра́во на о́тдых то́же! Ве́чером сва́лка и у́тром при пробужде́нии борьба́.

День у них проходи́л, кста́ти сказа́ть, норма́льно, сын на учёбе и́ли в библиоте́ке, и́ли в неустано́вленном ме́сте, его́ соба́чье де́ло. Мать же вся в беготне́ и хло́потах перево́дчицы-синхрони́стки, кру́пного ги́да, кото́рого зна́ли по всем гости́ницам и всё ей ула́живали, т. к. она вы́глядела све́тской льви́цей и была́ тако́вой на всех посо́льских приёмах, презента́циях, верниса́жах, театра́льных премье́рах (не забыва́я в переры́вах сбе́гать купи́ть что́-то на у́жин, в пра́чечную, в химчи́стку и тому́ подо́бное.) Счастли́вая, кру́пная, с ко́ротко стри́женой гри́вой вот и́менно как у льви́цы, со следа́ми былой красоты́, с тяжёлой ни́жней че́люстью, набря́кшими ве́ками, роско́шными бровя́ми, и во́лосы всегда́ чи́стые, све́тлые, сия́ющие, золоты́е. Да у неё могли́ быть и любо́вники, все так счита́ли, но у неё был то́лько сын, таки́е дела́. Она́ ра́ди него́ держа́ла ма́рку, одева́лась, бе́гала на педикю́р-маникю́р, к лу́чшему парикма́херу Вади́му, у неё везде́ бы́ли друзья́, всё ра́ди сы́на: неопря́тную стару́ху никто́ не возьмёт перево́дчицей, вокру́г полно́ моло́деньких почти́ что кинозвёзд с чуть ли не тремя́ языка́ми, гото́вых для за́работка на всё, вы́учить четвёртый, довести́ себя́ дие́тами до разме́ра 90-60-90, но старики́, де́ятели культу́ры и нау́ки, кото́рых обслу́живала на́ша Диа́на, они́ цени́ли ве́рность, надёжность, безукори́зненность пожило́й льви́цы, ря́дом с ней отра́дно бы́ло покрасова́ться, она́ была́ в сам раз молодо́й для них, то́чно на деся́ток лет пони́же во́зрастом, не на оскорби́тельные со́рок – пятьдеся́т, как э́ти профу́ры на то́нких но́жках, пти́чки в ма́леньких костю́мах и с непоня́тной ле́ксикой, кото́рые гото́вы

kämpfen! Am Abend Gekappel und am Morgen der Kampf beim Aufwachen.

Ihr Tag verlief, nebenbei gesagt, normal, der Sohn in der Uni oder in der Bibliothek oder an bestimmtem Ort, es kümmerte sie einen Dreck. Die Mutter ständig auf den Beinen und im Stress als Simultandolmetscherin eines großen Reisebüros, das alle Hotels kannten und ihr alle Türen und Tore öffnete, denn sie sah aus wie eine mondäne Löwin und trat auch so auf bei allen Botschaftsempfängen, Präsentationen, Vernissagen, Theaterpremieren (ohne zu vergessen, in den Pausen schnell was fürs Abendbrot einzukaufen, in die Wäscherei zu rennen, in die Reinigung und ähnliches). Glücklich, mächtig, die Löwenmähne kurzgeschnitten, mit den Spuren einstiger Schönheit, mit schwerem Unterkiefer, schweren Augenlidern, starken Augenbrauen, und die Haare immer frischgewaschen, hell, glänzend, golden. Sie hatte bestimmt Liebhaber, so dachten alle, aber sie hatte nur den Sohn, so war das. Ihm zuliebe wahrte sie den Stil, zog sich gut an, rannte zur Pediküre-Maniküre, zum besten Friseur Wadim, überall hatte sie Freunde, alles dem Sohn zuliebe: eine schlampige alte Frau nimmt niemand als Dolmetscherin, es gibt genug junge, fast Filmsternchen, mit beinahe drei Sprachen, für ein Honorar zu allem bereit, auch eine vierte noch zu lernen, sich mittels Diät auf die Maße 90-60-90 zu bringen, aber die alten Männer, Vertreter aus Kultur und Wissenschaft, die unsere Diana bediente, die schätzten die Treue, Zuverlässigkeit und Makellosigkeit der bejahrten Löwin, sich neben ihr zur Schau zu stellen, war eine Freude, sie war gerade jung genug für sie, genau zehn Jahre unter ihnen, nicht etwa kränkende vierzig oder fünfzig, wie diese Flittchen auf dünnen Beinen, Vögelchen in kleinen Kostümen mit unverständlicher Ausdrucksweise, die mit enkelinnenhafter Begeisterung zu allen Schandtaten bereit waren – nein. Die Alten erinnerten sich an Diana

бы́ли с восто́ргом вну́чек на все по́двиги, – нет. Ста́рцы по́мнили Диа́ну (и себя́) в мо́лодости, по́мнили её ослепи́тельную, но всегда́ надёжную красоту́, никогда́ не подведёт и ничего́ никому́ не расска́жет – та́кже её по́мнили и в прави́тельствах, кото́рые меня́лись, но то́лько по́верху, а гла́вное всегда́ остава́лось на ме́сте. Диа́на их то́же по́мнила на ме́лких роля́х в соста́ве делега́ций, тепе́рь же для них распа́хивались две́рцы лимузи́нов. Диа́на каза́лась ве́чной.

Но и у неё бы́ло всё как у други́х тяжело́ па́шущих же́нщин – муж парази́т на ше́е, никогда́ его́ не заста́вишь вбить гвоздь и́ли поменя́ть ла́мпочку, зате́м дочь привела́ в дом квартира́нта так называ́емого, поселе́нца, соверше́нно не ровню́ себе́ (всё-таки у до́чки и оте́ц – тот оте́ц, родно́й – и мать из хоро́ших семе́й, языки́, воспита́ние, оде́жда), но нет, она́ в противове́с всему́ раскопа́ла где-то на дне рожде́ния подру́ги э́то сокро́вище, по-мужски́ пью́щее и куря́щее, т. е. без про́дыху, муж Диа́ны то́же попива́л, но и он растеря́лся.

Диа́на распласта́лась в лепёшку и проби́ла до́чери кварти́ру, причём да́же на вы́рост, в расчёте на прибавле́ние семьи́, двухко́мнатную, живи́те. Они́ съе́хали, потре́бовали себе́ ме́бель, Диа́на им купи́ла, езжа́йте, вы!

Пока́ была́ жива́ Диа́нина мать, куря́щая героиня, на все ру́ки ма́стер, то ху́до-бе́дно, с попрёками и сканда́лами, но семе́йная жизнь тле́ла, и да́же времена́ми они́ уса́живались игра́ть в по́кер: мать в ша́ли как поэте́сса, с сигаре́той в зуба́х, Диа́на, уже́ не куря́щая по состоя́нию здоро́вья, зате́м муж нау́чный рабо́тник, кото́рый мно́го лет не дава́л ничего́ на хозя́йство и не плати́л за кварти́ру по́сле одного́ сканда́ла, э́тот муж был одержи́м

(und an sich selbst), wie sie jung waren, erinnerten sich an ihre blendende, aber immer zuverlässige Schönheit, niemals ließ sie einen hängen, nie erzählte sie was weiter – genau so erinnerte man sich ihrer in den Regierungen, die wechselten, aber nur an der Oberfläche, die wichtigsten blieben immer an ihrem Platz. Diana erinnerte sich ebenfalls an sie, in kleinen Rollen bei Delegationstreffen, jetzt wurden die Türen der Limousinen für sie aufgerissen. Diana schien ewig zu sein.

Doch bei ihr war alles wie bei anderen schuftenden Frauen – der Mann ein Parasiten am Hals, den kriegst du nicht dazu, einen Nagel in die Wand zu schlagen oder die Glühbirne auszuwechseln, dann brachte die Tochter einen sogenannten Untermieter ins Haus, einen Mitbewohner, weit unter ihrem Niveau (immerhin kamen der Vater – der echte Vater – und die Mutter aus guter Familie, Sprachen, Erziehung, Kleidung), aber nein, als Gegengewicht musste sie auf dem Geburtstag einer Freundin diesen Schatz ausgraben, der soff und qualmte wie ein Kutscher, d.h. ohne Schnaufpause. Dianas Mann trank auch ab und zu, doch hier war er sprachlos.

Diana rannte sich die Hacken ab und erkämpfte für die Tochter eine Wohnung, sogar für Zuwachs, falls sich die Familie vergrößern sollte, eine Zweizimmerwohnung, hier könnt ihr leben. Sie zogen aus, verlangten Möbel, Diana kaufte ihnen welche, zieht bloß aus, ihr!

Solange Dianas Mutter lebte, eine rauchende Heldin, Meisterin in allem, lief das Familienleben, recht und schlecht zwar, mit Vorwürfen und Skandalen, aber es lief, es gab sogar Zeiten, wo sie sich zum Pokerspiel hinsetzten: die Mutter im Schal wie eine Poetesse, mit Zigarette zwischen den Zähnen, Diana, die aus Gesundheitsgründen nicht mehr rauchte, dann ihr Mann, wissenschaftlicher Mitarbeiter, der viele Jahre nichts zur Haushaltskasse beitrug und keine Miete zahlte nach einem Streit, dieser

го́рдой мы́слью, что он сам себя́ соде́ржит, т. е. в холоди́льнике ве́чно лежа́ло «его́» в паке́тиках и свёрточках, что не меша́ло ему́ испра́вно жрать о́бщие котле́ты и суп. Четвёртой была́ Диа́нина подру́га, с мо́рдой как у крокоди́ла, тре́нер по те́ннису Га́ла. Познако́мились на соба́чьем вы́гуле во дворе́.

К э́тому крокоди́лу и ушёл муж Диа́ны, пересели́лся в том же дворе́ в но́вый дом.

Всё бы́ло норма́льно, встреча́лись на соба́чьей по́чве опя́ть-таки, Диа́на всё порыва́лась спроси́ть Га́лу, даёт ли ей её сожи́тель на пита́ние, но уде́рживалась. Пото́м умерла́ мать, в одну́ ночь, все забе́гали, увезли́ стару́ху, переполоши́лись, зате́м схорони́ли.

Сын, кста́ти, перешёл в но́вую шко́лу, из дворо́вой в да́льнюю, хоро́шую, прести́жную. Диа́на постара́лась, так как в ме́стной шко́ле все учи́тельницы переста́ли говори́ть «приведи́ отца́», а приглаша́ли на собра́ния и́менно ма́му персона́льно. Вла́дик ка́к-то тума́нно об э́том упомяну́л, Диа́не два ра́за повторя́ть бы́ло не на́до.

В но́вой шко́ле, куда́ Вла́дик попа́л в середи́не второ́й че́тверти, его́ на́чали пресле́довать та́мошние па́рни. Диа́на ни о чём не дога́дывалась, э́то всплы́ло год спустя́, когда́ Вла́дик заду́мчиво сказа́л, что Хвоста́ всё-таки посади́ли. Кто тако́й, что за Хвост, да он у меня́ всегда́ де́ньги вычища́л из карма́нов, скро́мно созна́лся Вла́дик, каки́е де́ньги, посто́й? Я же тебе́ дава́ла за́втрак! За́втрак то́же съеда́ли, сказа́л Вла́дик про́сто. А би́ли? Би́ли, отвеча́л Вла́дик. А сейча́с? А сейча́с-то как когда́.

Год Диа́на с ума́ сходи́ла по по́воду Вла́дикова поведе́ния, он не жела́л встава́ть по утра́м и не

Mann war besessen von dem stolzen Gedanken, dass er sich selbst versorgte, d.h. im Kühlschrank lag immer «Seins» in Plastiktüten und Päckchen, was ihn nicht daran hinderte, mit gutem Gewissen die gemeinschaftlichen Buletten zu verschlingen und die Suppe. Die Vierte war Dianas Freundin, mit einer Krokodilsfresse, die Tennistrainerin Gala. Sie hatten sich im Hof beim Hundeausführen kennengelernt.

Zu diesem Krokodil ging Dianas Mann, er zog im selben Hof in ein neues Haus.

Alles war in Ordnung, sie trafen sich immer noch wegen der Hunde, Diana juckte es, Gala zu fragen, ob der Liebhaber ihr Kostgeld gab, beherrschte sich aber. Dann starb die Mutter, eines Nachts, alle rannten hin und her, die Alte wurde weggebracht, alle waren geschockt, dann wurde sie begraben.

Der Sohn kam übrigens in eine neue Schule, aus der im Viertel in eine entfernte, eine gute, elitäre. Diana hatte das besorgt, denn in der Schule im Viertel sagten die Lehrerinnen nicht mehr «bring den Vater her», sondern luden zu den Elternabenden ausdrücklich nur die Mutter ein. Wladik hatte das mal so vage erwähnt, Diana musste man nie etwas zweimal sagen.

In der neuen Schule, in die Wladik in der Mitte des zweiten Quartals kam, begannen die Klassenkameraden, ihn zu quälen. Diana hatte keine Ahnung, es kam ein Jahr später raus, als Wladik versonnen sagte, dass sie Schwanz jetzt doch eingelocht haben. Wer ist das, was für ein Schwanz, na, der mir immer Geld aus den Taschen gezogen hat, bekannte Wladik wortkarg, was für Geld, warte mal? Ich hab dir doch Frühstück mitgegeben! Das Frühstück haben sie auch aufgegessen, sagte Wladik nur. Und geschlagen? Ja, antwortete Wladik. Jetzt auch noch? Mal ja, mal nein.

Ein Jahr war Diana wie von Sinnen wegen Wladiks Benehmen, er wollte morgens nicht aufstehen und nachts

желáл ложи́ться по ночáм, а тут вот какóе объяснéние. Объясни́лись, но у́тром Влáдик всё равнó не встал. В другу́ю шкóлу зáново страдáть переходи́ть Влáдик отказáлся наотрéз. Хóчешь, переговорю́ с дирéктором – тогдá меня́ вообщé убьют, отвечáл Влáдик.

И всё-таки э́то, окáзывается, тóже былá жизнь, бывáли свои́ ти́хие вечерá по пя́тницам и суббóтам и ти́хие у́тра по суббóтам и воскресéньям, никтó не уклáдывал и не буди́л Влáдика, он спал до пяти́ вéчера и ложи́лся в шесть утрá, таки́е у негó бы́ли егó пóдлинные биологи́ческие часы́, не совпадáющие с остальны́м человéчеством – однáжды их поломáли, ви́димо, и тепéрь они́ шли по-своéму, наперекóр óбщепри́нятому врéмени.

Однáко, повторя́ем, э́то тóже былá жизнь, Влáдик в своéй аспиранту́ре шёл напряму́ю к защи́те диссертáции и к стажирóвке в А́нглии, так устрóила мать, тóлько бы сынóк не подкачáл, онá бди́ла кáждую ночь и у́тро, спровáживая егó на заня́тия. Диáна всё ещё коти́ровалась в министéрстве, её иногдá вызывáли, онá тяжелó снимáлась с мéста и тóпала на свои́х тóлстых льви́ных лáпах, лови́ла маши́ну – пешкóм да ещё и в метрó онá ужé не моглá передвигáться, сéрдце и нóги, болéзнь стáрых львиц.

Диáна прирабáтывала к пéнсии, хлопотáла, задóрно улыбáлась, покáзывая хорóшего фарфóра вéрхнюю чéлюсть, её глазá под тяжёлыми вéками поблёскивали, переводи́ла онá как всегдá прекрáсно, тóчно соблюдáя язы́к и стиль подопéчных и поправля́я их тóлько на волосóк, на миллимéтр где нáдо: умéла руководи́ть госудáрственными дéятелями, её научи́ли в однóм интерéсном мéсте, что прóмахи нáдо корректи́ровать, оши́бок не замечáть, и кáждый раз онá получáла инструктáж, но об э́том молчáла.

nicht schlafen gehen, jetzt kam die Erklärung. Sie besprachen die Sache, aber Wladik stand morgens trotzdem nicht auf. Noch einmal in eine neue Schule zu wechseln und zu leiden, lehnte Wladik strikt ab. Willst du, dass ich mit dem Direktor spreche? Dann schlagen sie mich endgültig tot, entgegnete Wladik.

Trotzdem, auch das war Leben, das wird jetzt klar, es gab stille Abende bei ihnen, freitags und samstags, und stille Morgen, samstags und sonntags, niemand schickte Wladik ins Bett, niemand weckte ihn, er schlief bis fünf Uhr abends und legte sich um sechs Uhr morgens hin, das war seine biologische Uhr, die mit der übrigen Menschheit nicht übereinstimmte – sie war einmal kaputtgegangen, offenbar, und jetzt ging sie anders, entgegen dem Uhrzeigersinn.

Aber wir wiederholen: auch das war das Leben. Wladik ging noch als Doktorand zur Promotion und zum Aufbaustudium nach England, das hatte wieder die Mutter organisiert, und damit der Sohn sie bloß nicht blamierte, wachte sie jede Nacht und jeden Morgen über ihn, um ihn in die Uni loszuschicken. Diana stand im Ministerium immer noch hoch im Kurs, sie wurde manchmal geholt, ihr fiel das Rausgehen schwer, sie tappste auf ihren Löwenpfoten los, hielt ein Auto an – zu Fuß und dann noch die Metro, das schaffte sie nicht mehr, das Herz und die Beine, die Krankheit alter Löwinnen.

Diana verdiente zur Rente dazu, war eifrig, lächelte keck und zeigte den Oberkiefer aus gutem Porzellan, ihre Augen unter den schweren Lidern glänzten, sie dolmetschte wie immer wundervoll, folgte genau der Sprache und dem Stil ihrer Schützlinge und verbesserte sie nur um Haaresbreite, um ein Millimeterchen, wo nötig: sie konnte Staatsmänner lenken, das hatte man ihr an einem interessanten Ort beigebracht, dass man Ausrutscher korrigieren muss, Fehler nicht bemerken darf, jedes Mal hatte sie eine Instruktion erhalten, doch darüber geschwiegen.

Однáко дóма её ожидáло всё то же развáливающееся хозя́йство, дрáки и брань с сы́ном, бессóнница. Дóма Диáна ходи́ла с провáленным ртом, фарфóр лежáл в стакáнчике, дёсны-то мягчéли и съёживались, богáтый и тяжёлый фарфóровый комплéкт дави́л, натирáл их, а нóвый был не по кармáну.

Диáна бы борóлась и с э́тим со свóйственной ей послéдовательностью, однáко ýтра и нóчи, посвящённые Влáдику, лишáли её сил, и в однó прекрáсное ýтро онá поступи́ла как Влáдик, т. е. не встáла, не проснýлась.

Влáдик проспáл до пяти́ вéчера соглáсно своемý внýтреннему буди́льнику, с ýжасом встал, пошёл посидéл в убóрную с тéкстами, затéм заглянýл в кýхню и съел все банáны (гуля́ть так гуля́ть) и вы́пил кофе с конфéтами, ополови́нил мáтерин запаснóй шоколáдный набóр, подáрочный так называ́емый фонд. Затем Влáдик сел к телеви́зору и опóмнился тóлько в два часá нóчи, что никтó егó не буди́л и никтó не уклáдывает.

Мать ми́рно спалá на высóких подýшках, но немнóго неудóбно свéсив гóлову, дáже сли́шком свéсив гóлову. Влáдик убрáл свою́ гóлову из её двéри, всýнулся обрáтно в свою́ кóмнату и стал размышля́ть. Он размышля́л до свои́х обы́чных шести́ утрá, а затéм сруби́лся и заснýл на неýбранной тахтé среди́ газéт и тéкстов – как всегдá, страшáсь пробуждéния.

Пробуждéние послéдовало в четы́ре вéчера, и опя́ть никтó не пóднял Влáдика.

К мáтери он побоя́лся загля́дывать.

Послéдовал обы́чный ритуáл, немéряное врéмя в туалéте с тéкстами на колéнях, немéряное врé-

Zu Hause allerdings erwartete sie immer die gleiche Lotterwirtschaft, Kappeleien und Krieg mit dem Sohn, Schlaflosigkeit. Zu Hause lief Diana mit eingefallenem Mund herum, das Porzellan lag im Wasserglas, das Zahnfleisch war ja weich geworden und geschrumpft, die reiche und schwere Porzellangarnitur drückte und rieb es wund, und für eine neue reichte das Geld nicht.

Diana hätte auch dagegen angekämpft, mit der ihr eigenen Konsequenz, aber die Morgen und die Nächte, die Wladik gewidmet waren, raubten ihr die Kraft, und eines schönen Morgens machte sie es so wie Wladik, d.h. sie stand nicht auf, wachte nicht auf.

Wladik schlief entsprechend seinem inneren Wecker bis fünf Uhr abends, stand entsetzt auf, ging aufs Klo und saß dort mit Texten, schaute dann in die Küche und aß alle Bananen auf (wenn schon herumlottern, dann richtig), trank Kaffee und aß Pralinen dazu, reduzierte den Vorrat der Mutter an Schokoladenschachteln, den sogenannten Geschenkfonds. Dann setzte sich Wladik vor den Fernseher und merkte erst um zwei Uhr nachts, dass ihn niemand geweckt und niemand ihn ins Bett geschickt hatte.

Die Mutter schlief friedlich auf hohen Kissen, nur der Kopf hing ein wenig unbequem zur Seite, hing sogar ziemlich zur Seite. Wladik zog seinen Kopf aus ihrer Tür, kroch zurück in sein Zimmer und begann zu überlegen. Er überlegte bis sechs Uhr morgens, seine gewohnte Zeit, dann sackte er zusammen und schlief auf der unaufgeräumten Couch zwischen Zeitungen und Texten ein – wie immer mit Furcht vor dem Erwachen.

Das Erwachen fand um vier Uhr abends statt, und wieder weckte Wladik niemand.

Zur Mutter reinzuschauen hatte er Angst.

Es folgte der gewohnte Ritus, eine unbemessene Zeit auf der Toilette mit Texten auf den Knien, eine unbemesse-

мя в ку́хне – он жил по воскре́сному расписа́нию, доёл мама́шину коро́бку конфе́т и на́чал но́вую.

Тут Вла́дик вспо́мнил, что на дворе́-то уже́ ве́чер пя́тницы и на́до что-то предприня́ть, поско́льку он прогуля́л два дня преподава́ния.

Вла́дик включи́л телефо́н, реши́в позвони́ть ма́териному знако́мому врачу́-психиа́тру, не даст ли он бюллете́нь по психастени́и, как обы́чно проси́ла мать, е́сли Вла́дика не удава́лось подня́ть никаки́ми си́лами и́ли е́сли она́ сама́ лежа́ла больна́я.

Врач оказа́лся до́ма и тут же согласи́лся дать бюллете́нь за́дним число́м, ма́ло ли, у его́ больны́х быва́ли и не таки́е выпаде́ния из вре́мени, не дво́е су́ток, а два го́да, ма́ло ли. Вла́дик состоя́л у э́того врача́ в пацие́нтах со студе́нческого пери́ода, когда́ Диа́на боя́лась несда́чи экза́менов и отправле́ния Вла́дика в а́рмию.

Врач, в свою́ о́чередь, спроси́л, как здоро́вье ма́мы, и́менно с ней он всегда́ име́л де́ло, всегда́ в отсу́тствие Вла́дика, поско́льку ещё на пе́рвом ку́рсе тот был раз и навсегда́ потрясён тем, что мать завела́ на него́ ка́рточку в пси́хдиспа́нсере. Никаки́ми слова́ми не удало́сь убеди́ть несча́стного но́возапи́санного пацие́нта, что он соверше́нно здоро́в и то́лько его́ дво́йка заста́вила мать приня́ть ме́ры на слу́чай отчисле́ния. Диа́на устро́ила ему́ диа́гноз вя́лотеку́щая циклофрени́я с суицида́льными попы́тками, каковы́х больны́х арме́йские врачи́ боя́лись, и справедли́во. Диа́на вспо́мнила ещё мальчи́шескую демонстра́цию Вла́дика, когда́ он чуть не вы́шел в окно́, де́ло происходи́ло до́ма по́сле очередно́го кри́ка. По́длая, она́ припо́мнила всё!

Ита́к, врач спроси́л о здоро́вье Диа́ны, так как она́ его́ никогда́ не забыва́ла, приглаша́ла на все

ne Zeit in der Küche – er lebte nach dem Sonntagszeitplan, aß Mamas Pralinenschachtel auf und fing eine neue an.

Da erinnerte sich Wladik, dass es draußen ja schon Freitagabend war und er etwas unternehmen musste, denn er hatte zwei Tage Uni geschwänzt.

Wladik schaltete das Telefon ein, er wollte einen Bekannten der Mutter anrufen, einen Psychiater, ob der ihm nicht einen Krankenschein ausstellen könnte wegen psychischer Störung, worum gewöhnlich die Mutter bat, wenn sie Wladik auch unter größter Kraftanstrengung nicht hochkriegte oder wenn sie selbst krank im Bett lag.

Der Arzt war zu Hause und auch gleich einverstanden, ihm nachträglich einen Krankenschein auszustellen, alles ist möglich, seine Kranken hatten ganz andere Zeitausfälle, nicht zwei Tage, sondern zwei Jahre, alles ist möglich. Wladik war Patient bei diesem Arzt seit seiner Studentenzeit, als Diana Angst hatte, dass Wladik die Prüfungen nicht besteht und zur Armee eingezogen wird.

Der Arzt fragte seinerseits, wie es der Mutter gehe, denn er hatte sonst immer mit ihr zu tun, immer ohne Wladik, seit Wladik schon im ersten Studienjahr einen nachhaltigen Schock erlitten hatte, weil die Mutter ihm in der psychiatrischen Betreuung eine Krankenkarte anlegen ließ. Keine Worte konnten den unglücklichen, neu angemeldeten Patienten davon überzeugen, dass er völlig gesund sei und nur seine Vier die Mutter veranlasst hatte, für den Fall der Exmatrikulation Maßnahmen zu ergreifen. Diana beschaffte ihm die Diagnose einer langsam verlaufenden Zyklophrenie mit Suizidgefahr, Armeeärzte fürchten solche Kranken, und das zu Recht. Diana hatte sich an Wladiks kindliche Demonstration erinnert, als er beinahe aus dem Fenster hinausspaziert war, das war zu Hause passiert nach einem Streit. Gemeinheit, die merkte sich alles!

Der Arzt fragte also nach Dianas Wohlerergehen, da sie ihn nie vergaß, ihn zu allen Premieren im Haus des Films

премьеры в Дом кино, в театры, Диана доставала ему дорогой французский препарат для жены, больной чем-то там, доставала антисекс для кошки и т. д. Диана, судя по всему, звонила ему иногда и по собственным вопросам, до того дошло дело.

Диана в хорошие минуты рассказывала Владику, что врач говорил ей, что её-то семья нормальная, что ненормально в семье, когда полная тишина, и что у него дома всегда тихо, тихо учащийся сын, тихо болеющая жена, только кошка орала у них как сумасшедшая, что было с её стороны нормально.

Итак, врач спросил Владика, как здоровье мамы, на что Владик ответил, что не знает.

Как не знает, спросил затем врач насторожившись, видимо заметил в интонации Владика коечто по своей части.

Владик тогда поведал всю историю очень подробно, как пойманный с поличным преступник, как пациент, наконец допрашиваемый врачом после долгого одиночества, он ничего не утаил, даже долгого сидения на унитазе с текстами. Он рассказал всё врачу как историю своей болезни.

Врач возразил, что его состояние ему понятно, но надо вызвать «скорую» для Дианы – Владик-то думал, что в больницу надо укладывать его лично как сумасшедшего. Ведь всё, что пророчила ему мать, всё произошло – прогул на работе, полный распад личности (пожирание двух почти коробок конфет и всех бананов семьи, хождение босиком и в халате, неубранная кровать и то, что Владик не заглядывал в ванную, не чистил зубов, не говоря уже о том, что он ни разу не принял душ).

Владик всё как на духу рассказал врачу, но врач обычным голосом велел вызвать «скорую

einlud und ins Theater, Diana hatte ihm ein teures französisches Medikament für seine Frau besorgt, die an delikater Stelle krank war, und Antisex-Tabletten für die Katze usw. Diana hatte offenbar auch wegen eigener Probleme angerufen, so lagen die Dinge.

In einer guten Minute hatte Diana Wladik erzählt, der Arzt habe ihr gesagt, ihre Familie sei ganz normal, unnormal in einer Familie sei es, wenn völlige Stille herrsche, und dass es bei ihm zu Hause immer still sei, ein still lernender Sohn, eine still kränkelnde Frau, nur ihre Katze schreie wie eine Verrückte, was von ihrer Seite aus normal war.

Der Arzt fragte also Wladik, wie es der Mutter gehe, worauf Wladik antwortete, er wisse es nicht.

Was heißt, er wisse es nicht, fragte der Arzt daraufhin erstaunt, offenbar hatte er an Wladiks Tonfall etwas bemerkt, was sein Gebiet betraf.

Wladik erzählte darauf die ganze Geschichte sehr genau, wie ein auf frischer Tat ertappter Verbrecher, wie ein Patient, den der Arzt nach langer Einsamkeit endlich ausfragt, er verbarg nichts, nicht einmal das lange Sitzen auf dem Klo mit den Texten. Er erzählte dem Arzt alles wie seine eigene Krankengeschichte.

Der Arzt wandte ein, er verstehe Wladiks Zustand, müsse aber jetzt für Diana den Notarzt rufen – und Wladik hatte gedacht, er selbst müsse als Verrückter ins Krankenhaus. Denn alles, was die Mutter ihm prophezeit hatte, alles war eingetreten – Arbeitsbummelei, völliger Zerfall der Persönlichkeit (das Auffressen beinahe zweier Pralinenschachteln und aller Bananen der Familie, Barfußgehen im Morgenmantel, ein nicht gemachtes Bett und dass er das Badezimmer nicht betreten, keine Zähne geputzt hatte, ganz zu schweigen davon, dass er nicht einmal geduscht hatte).

Wladik erzählte dem Arzt alles wie in der Beichte, aber der Arzt wies ihn mit normaler Stimme an, den Notarzt

помощь» для матери, на его признания врач не обратил никакого внимания, а ведь Владик в первый раз в жизни произнёс сам свой диагноз! Вялотекущая циклофрения и т. д.! Это всё крайне удивило Владика, и он продолжил свой рассказ, выкладывая всё новые подробости своих двух последних дней, относительно ночного просмотра порнопрограммы, и о том, что за этим последовало. Владику явно не хотелось класть трубку и прерывать эту живительную связь с голосом врача, но врач очень мягко и сочувственно сказал, что займётся Владиком в понедельник, а сейчас надо набрать оз и вызвать «скорую».

Владик, кстати, знать не знал как это делается и, разъединившись с голосом врача, позвонил сестре, что мать спит вот уже двое суток. Сестра (как водится) наорала на Владика за то, что тот до сих пор не позвонил, она сама якобы звонила, но телефон был отключен, что они с Васей (её муж) должны были вести мать к педикюрше по поводу вросшего ногтя, но вот уже два дня телефон вырублен, как это так! Мать почти не могла ходить из-за нарыва на пальце, и они с Васей диву давались, куда это Владик с матерью ускакали, думала я (старая Владикова сестра, имевшая преимущество над Владиком в двадцать два года). Владик, ты урод сумасшедший, мы с Васей всегда это говорили, ты доведёшь мать до гибели, она хоть дышит?

Короче, сестра сама взялась вызвать «скорую» и сказала, что немедленно приедет, хотя у Сашки грипп и температура и Вася ходит с вывихнутой челюстью вторую неделю, не ест ничего, кашку манную и сырое яйцо. Хотел разнять драку дру-

für die Mutter zu rufen, seine Bekenntnisse beachtete der Arzt gar nicht, dabei sprach Wladik zum erstenmal im Leben laut seine eigene Diagnose aus! Langsam verlaufende Zyklophrenie usw.! Das verwunderte Wladik aufs äußerste, und er fuhr in seiner Erzählung fort, verriet immer neue Einzelheiten aus den beiden letzten Tagen, betreffs des nächtlichen Pornoprogramms und was darauf folgte. Wladik hatte ganz offensichtlich keine Lust, den Hörer aufzulegen und die lebendige Verbindung mit der Stimme des Arztes zu unterbrechen, aber der Arzt sagte sehr weich und mitfühlend, er werde sich Wladik am Montag ansehen, jetzt aber müsse er die 03 wählen und den Notarzt rufen.

Wladik hatte indes nicht die geringste Ahnung, wie das gemacht wird, und rief, als er von der Stimme des Arztes getrennt war, die Schwester an, die Mutter schlafe schon zwei Tage. Die Schwester schrie Wladik an (wie üblich), dass er so lange nicht angerufen habe, sie selbst habe angeblich schon angerufen, doch das Telefon sei abgestellt gewesen, sie und Wasja (ihr Mann) hätten die Mutter schon zwei Tage zur Pediküre abholen sollen wegen des eingewachsenen Nagels, aber das Telefon sei schon zwei Tage tot –, das ist doch unmöglich! Die Mutter konnte kaum laufen wegen des vereiterten Zehs, und Wasja und sie hätten sich schon zu Tode gewundert, wohin Wladik und die Mutter ausgeflogen seien, verreist, habe ich gedacht (Wladiks alte Schwester, die gegenüber Wladik einen Vorteil von 22 Jahren hatte). Wladik, du bist eine verrückte Missgeburt, Wasja und ich haben das schon immer gesagt, du bringst Mutter ins Grab, atmet sie wenigstens?

Kurz, die Schwester rief selbst den Notarzt und sagte, sie komme umgehend, obwohl Saschka Grippe und Fieber habe und Wasja schon die zweite Woche mit ausgerenktem Kiefer rumlaufe, nichts esse, nur Grießbrei und rohe Eier. Er wollte eine Schlägerei von Freunden auseinanderbrin-

зе́й, миротво́рец пога́ный, тепе́рь ест че́рез тру́бочку из «Макдо́налдса», не руга́ется хоть, и то спаси́бо.

Сестра́ ско́ро присла́ла «ско́рую по́мощь», и вот тут, из-за спины́ врача́, Вла́дик осме́лился посмотре́ть на мать. Она́ по-пре́жнему спала́, све́сив го́лову в неудо́бной по́зе, так что как бы вы́ехала её ни́жняя че́люсть.

Врач сказа́л, что бу́дут госпитализи́ровать, при́нялся звони́ть, тут уже́ прие́хала сестра́ Вла́дика, во всём похо́жая на мать и почти́ не различи́мая по во́зрасту, причём мать лежа́ла (врач попра́вил ей го́лову) и лицо́ её бы́ло гла́дкое, бе́лое и краси́вое, а у до́чери мо́рда была́ как комкова́тая поду́шка, на́до следи́ть за собо́й, говори́ла Диа́на, вызыва́я у до́чери могу́чий проте́ст, как э́то с двумя́ детьми́ и с Ва́сей мо́жно следи́ть ещё и за собо́й!

Сестра́ не согласи́лась отда́ть мать а́бы куда́ и ста́ла тре́бовать направле́ния в са́мую лу́чшую неврологи́ческую кли́нику, вы не зна́ете, кто э́то лежи́т пе́ред ва́ми, по э́тому по́воду врач не мог ничего́ сказа́ть и уе́хал, сестра́ же что́-то сде́лала с ма́терью, перестели́ла ей но́вые про́стыни и то́же уе́хала, жа́луясь на то, что в пя́тницу ве́чером ни фига́ не добьёшься, а с понеде́льника она́ всё устро́ит, но из больни́цы в больни́цу переводи́ть трудне́е. Сестра́ обеща́ла прие́хать за́втра с утра́ и веле́ла Вла́дику пока́ что пои́ть больну́ю водо́й с варе́ньем и переменя́ть ей бельё, а врач посове́товал протере́ть те́ло во́дкой почему́-то с шампу́нем, что́бы избежа́ть про́лежней.

gen, der verdammte Friedensstifter, nun ernähre er sich durch einen Strohhalm von « MacDonalds », da schreie er wenigstens nicht rum, auch was Gutes.

Die Schwester schickte gleich den Notarzt, und erst jetzt, hinter dem Rücken des Arztes, wagte Wladik, einen Blick auf die Mutter zu werfen. Sie schlief noch immer, der Kopf hing in der unbequemen Lage zur Seite, als ob der Unterkiefer ausgerenkt sei.

Der Arzt sagte, er werde sie ins Krankenhaus einweisen, begann zu telefonieren, da kam schon Wladiks Schwester, die in allem der Mutter ähnlich sah und auch dem Alter nach fast nicht von ihr zu unterscheiden war, und die Mutter lag da (der Arzt hatte ihr den Kopf zurecht gerückt), und ihr Gesicht war glatt, weiß und schön, die Fresse der Tochter hingegen sah aus wie ein zerknautschtes Kopfkissen, man muss sich pflegen, hatte die Mutter immer gesagt und damit bei der Tochter einen lautstarken Protest hervorgerufen, wie kann man sich mit zwei Kindern und Wasja pflegen!

Die Schwester war nicht damit einverstanden, die Mutter sonstwohin zu geben, und verlangte die Einweisung in die beste neuropathologische Klinik, Sie wissen nicht, wer vor Ihnen liegt, dazu konnte der Arzt nichts sagen und fuhr weg, die Schwester machte irgendwas mit der Mutter, legte ihr neue Laken unter und fuhr ebenfalls weg, wobei sie sich beschwerte, dass man Freitag abends keinen Schwanz mehr erreicht, ab Montag werde sie alles organisieren, aber sie von einem Krankenhaus ins andere zu verlegen, sei schwerer. Die Schwester versprach, am nächsten Tag gleich früh zu kommen, und wies Wladik an, der Kranken solange Wasser mit Konfitüre zu trinken zu geben und ihr die Wäsche zu wechseln, und der Arzt hatte geraten, den Körper mit Wodka abzureiben, dazu aus irgendeinem Grund Shampoo beizufügen, um wundgelegenen Stellen vorzubeugen.

Владик, когда все ушли, пошёл на кухню и доел все шоколадные конфеты. Еда стояла в холодильнике, суп и какие-то макароны, этого Владику есть не хотелось, конфеты он ел тоже нехотя, просто потому что в животе было пусто.

Он иногда посматривал на Диану через коридор, но подходить к ней не собирался. Утром всё сделает сестра. Ему очень хотелось перезвонить психиатру, однако было уже поздновато, первый час ночи. Ему хотелось рассказать врачу о том, что он совершённо не боится лежащего полутрупа, раньше он бы содрогнулся от такой ситуации, а сейчас хладнокровно существует рядом с этим нечеловеком, вот что интересно. Мужество какое-то пробудилось, думал Владик. И почему-то совершённо не хочется шоколадных конфет, раньше бы он при такой свободе накинулся и выел бы все коробки до последней (у Дианы был ещё запас где-то в спальне под ключом).

Какой-то нарождается новый человек, размышлял Владик, даже усмехнулся. Он с интересом ждал проявлений этого нового, уже без матери, существа, которое пока что в нём дремало, подавленное с восьмого класса. Он хотел дать этому существу свободу, может быть, я прирождённый убийца, думал Владик, садист или маньяк, любопытно, что это будет. Или донжуан без матери, мало ли. Женщины его не интересовали до этих пор, мужчины? вряд ли, думал Владик, наблюдая за собой как-то со стороны. Владика знобило от будущего, от свободы. Может, буду вообще лежать не вставая, если захочу, сказал он себе. Днём спать, ночью лежать. К чёрту диссертацию, работу. Надо будет как-то

Als alle weg waren, ging Wladik in die Küche und aß alle Schokoladenpralinen auf. Essen stand im Kühlschrank, Suppe und Makaroni, darauf hatte Wladik keine Lust, die Pralinen aß er ebenfalls lustlos, nur weil sein Magen leer war.

Er warf manchmal einen Blick über den Korridor auf Diana, doch zu ihr zu gehen, dazu raffte er sich nicht auf. Morgen macht alles die Schwester. Am liebsten hätte er noch einmal den Psychiater angerufen, aber es war schon spät, ein Uhr nachts. Er wollte dem Arzt erzählen, dass er vor dem liegenden Halbleichnam überhaupt keine Angst habe, früher hätte es ihn bei solch einer Situation geschaudert, jetzt aber würde er kaltblütig neben diesem Nichtmenschen einherleben, das sei doch interessant. Ein gewisser Mut ist in mir erwacht, dachte Wladik. Und aus irgendeinem Grund habe ich nicht die geringste Lust auf Schokoladenpralinen, früher hätte er sich bei einer solchen Freiheit drüber hergemacht und alles bis zur letzten Schachtel vernichtet (Diana hatte noch irgendwo eine Reserve unter Verschluss).

Da wird ein neuer Mensch geboren, überlegte Wladik, er kicherte sogar. Mit Interesse wartete er auf das Hervortreten dieses neuen Wesens, ohne Mutter bereits, das bislang in ihm geschlummert hatte, unterdrückt seit der achten Klasse. Er wollte diesem Wesen die Freiheit geben, vielleicht bin ich ein geborener Mörder, dachte Wladik, ein Sadist oder Irrer, interessant, was da rauskommt. Oder ein Don Juan ohne Mutter, alles möglich. Frauen hatten ihn bislang nicht interessiert, Männer? kaum, dachte Wladik, als er sich so von der Seite betrachtete. Wladik schauderte es vor der Zukunft, vor der Freiheit. Vielleicht werde ich überhaupt liegenbleiben ohne aufzustehen, wenn ich will, sagte er sich. Tagsüber schlafen, nachts liegen. Zum Teufel mit der Dissertation, mit der Arbeit. Irgendwie muss ich eine Vollmacht für das Spar-

сде́лать дове́ренность на сберкни́жку, у Диа́ны там де́нег чёртова у́йма, наве́рно. Опереди́ть сестру́. Сде́лать э́то ещё при жи́зни Диа́ны, и поскоре́е. Заве́рить в университе́те, что ли. Подде́лать по́дпись и бо́лее ра́нним число́м, не позавчера́шним (Вла́дик давно́ уме́л распи́сываться за мать).

Когда́ зако́нчилась програ́мма TV, Вла́дик прошёлся по кварти́ре, попи́л ча́ю из но́сика ча́йничка, что Диа́на категори́чески запреща́ла, но во рту бы́ло га́дко от шокола́да, и пото́м, кто Вла́дику тепе́рь был ука́з?

Зате́м Вла́дик по ста́рой привы́чке загляну́л к ма́тери, проверя́я, до́ма ли она́, и вдруг испуга́лся, уви́дев полутру́п с распа́хнутым ртом, с голово́й, свали́вшейся на́бок.

Вла́дик зашёл к изно́жию крова́ти, уви́дел мать целико́м, голова́ её свиса́ла как у пове́шенного, рот был откры́т ка́к-то ко́со.

На ту́мбочке во́зле крова́ти стоя́л металли́ческий ча́йник, стра́шный ча́йник, ору́дие пы́тки – из него́ мать по утра́м полива́ла Вла́дика, и два дня наза́д она́, ложа́сь спать, ви́димо, уже́ пригото́вила всё что необходи́мо, во́ду для побу́дки.

Вла́дик давно́ хоте́л уничто́жить, вы́кинуть, растопта́ть э́тот ча́йник, иска́л его́ повсю́ду, но у ма́тери был в спа́льне, наве́рно, тайни́к.

И вот тепе́рь ча́йник был пе́ред Вла́диком, соверше́нно беззащи́тный. Вла́дик осторо́жно, как бы боя́сь разбуди́ть мать, потяну́лся к ча́йнику. Понево́ле пришло́сь нагну́ться. И вдруг Вла́дик увидел, что мать наблюда́ет за ним сквозь щёлку в ве́ках. Оди́н глаз её я́вно был приоткры́т.

kassenbuch kriegen, Diana hat bestimmt einen Haufen Geld liegen. Der Schwester zuvorkommen. Das noch zu Dianas Lebzeiten hinkriegen, und so schnell wie möglich. In der Uni beglaubigen lassen, am besten. Die Unterschrift fälschen und ein früheres Datum einsetzen, nicht das von vorgestern (Wladik konnte seit langem die Unterschrift der Mutter nachmachen).

Als das TV-Programm zu Ende war, ging Wladik durch die Wohnung, trank Tee aus der Tülle der kleinen Teekanne, was Diana kategorisch verbot, aber er hatte einen schlechten Geschmack im Mund von der Schokolade, und außerdem, wer konnte Wladik jetzt noch was sagen?

Dann schaute Wladik aus alter Gewohnheit bei der Mutter rein, überprüfte, ob sie zu Hause sei, und erschrak plötzlich, als er den Halbleichnam mit dem aufgerissenen Mund sah, mit dem Kopf, der zur Seite hing.

Wladik ging zum Fußende des Bettes, sah die Mutter ganz, ihr Kopf hing herunter wie bei einem Erhängten, der Mund war irgendwie schief geöffnet.

Auf dem Hocker neben dem Bett stand der metallene Wasserkessel, der schreckliche Wasserkessel, das Folterwerkzeug – aus ihm hatte die Mutter morgens Wasser auf ihn gegossen, zwei Tage zuvor hatte sie, als sie schlafen ging, offenbar schon alles Nötige vorbereitet, das Weckwasser.

Wladik wollte diesen Wasserkessel schon lange vernichten, wegwerfen, zertreten, er hatte ihn überall gesucht, im Schlafzimmer der Mutter war sicher ein Versteck.

Und nun stand der Wasserkessel vor ihm, völlig ausgeliefert. Wladik griff vorsichtig, so als habe er Angst, die Mutter zu wecken, nach dem Kessel. Dabei musste er sich wohl oder übel über sie beugen. Und plötzlich sah Wladik, dass die Mutter ihn durch einen Schlitz zwischen den Augenlidern beobachtete. Ein Auge war eindeutig halb geöffnet.

Вла́дик задрожа́л от у́жаса.

– Попи́ть, попи́ть хо́чешь? – забормота́л он, беря́ ча́йник.

Зате́м он поднёс но́сик к её распа́хнутому рту и уви́дел, что э́тот рот иссо́х как пеще́ра, язы́к лежа́л тёмный и како́й-то гря́зный.

– Попи́ть, а? – бестолко́во повторя́л Вла́дик. – Я попои́ть хоте́л. – Он всу́нул но́сик ча́йника в распа́хнутый рот ма́тери и ще́дро поли́л, как полива́ют засо́хший цвето́к в горшке́.

Тут же мать захлебну́лась и стра́шно, как взорва́вшись, зака́шлялась, верне́е, заклокота́ла, не открыва́я глаз. Ка́шлять она́ не могла́, ви́димо, она́ и́менно взрыва́лась как вулка́н. На поду́шку вы́лилась вода́.

Вла́дик отскочи́л в у́жасе в коридо́р. Он что, уби́л мать? Что же де́лать? Врачи́ вскро́ют, найду́т во́ду в лёгких. Что же де́лать?

Он верну́лся и рывко́м подня́л ма́терину го́лову, подста́вил плечо́ под её тяжёлую спи́ну. Мать всё так же клокота́ла, но тепе́рь поти́ше.

Вла́дик до́лго простоя́л так, согну́вшись в три поги́бели, подпира́я спино́й спи́ну ма́тери. Посте́пенно её дыха́ние успоко́илось, хотя́ протека́ло всё с тем же клокота́нием.

Вла́дик, онеме́в от напряже́ния, сообрази́л положи́ть го́лову Диа́ны на поду́шку, подби́л повы́ше, и рука́ его́ скользну́ла по чему́-то ледяно́му.

Поду́шка-то была́ обли́та!

Как же она́ бу́дет лежа́ть на тако́й дря́ни, поду́мал Вла́дик, сбе́гал за свое́й поду́шкой, положи́л её под матери́нскую мо́крую го́лову, а ста́рую, обли́тую поду́шку бро́сил тут же на́ пол.

Диа́на дыша́ла как-то треща́, как перга́мент рва́лся у неё в го́рле. Оди́н глаз её так и был при-

Wladik zitterte vor Angst.

«Trinken, möchtest du trinken?» brabbelte er, während er nach dem Kessel griff.

Dann führte er die Tülle zu ihrem weit geöffneten Mund und sah, dass dieser Mund ausgetrocknet war wie eine Höhle, die Zunge dunkel und irgendwie schmutzig.

«Trinken, ja?» wiederholte Wladik ungeschickt. «Ich geb dir was zu trinken.» Er hielt die Tülle des Kessels in den weit offenen Mund der Mutter und goss mit Schwung Wasser hinein, so wie man vertrocknete Topfblumen gießt.

Die Mutter verschluckte sich sofort und hustete schrecklich, als reiße es sie auseinander, das heißt, sie prustete, ohne die Augen zu öffnen. Sie konnte offenbar nicht husten, sie explodierte wie ein Vulkan. Auf das Kopfkissen floss Wasser.

Wladik rannte vor Schreck in den Korridor. Hatte er die Mutter etwa umgebracht? Was tun? Die Ärzte öffnen sie und finden Wasser in der Lunge. Was tun?

Er kehrte zurück und hob mit einem Ruck den Kopf der Mutter hoch, stützte mit der Schulter ihren schweren Rükken. Die Mutter prustete noch immer, jetzt etwas leiser.

Wladik stand lange so da, zusammengekrümmt, mit seinem Rücken den Rücken der Mutter stützend. Allmählich wurde ihr Atem ruhiger, obwohl sie immer noch röchelte.

Wladik, steif vor Anspannung, kam auf die Idee, Dianas Kopf aufs Kissen zu betten, er schüttelte es auf, da berührte seine Hand etwas Eiskaltes.

Das Kissen war ja nass!

Wie soll sie auf diesem Mist liegen, dachte Wladik, rannte sein Kissen holen und legte es unter den nassen Kopf der Mutter, und das alte, nasse Kissen warf er einfach auf den Boden.

Diana atmete irgendwie röchelnd, es klang wie Papierknistern in ihrer Kehle. Ein Auge stand immer noch halb

откры́т, ста́ло быть, она́ ничего́ не заме́тила. Рот у неё сно́ва вы́сох.

Вла́дик, как у́мный челове́к, реши́л тепе́рь де́йствовать ина́че. Он прижа́л но́сик ча́йника к углу́ рта Диа́ны и накло́нил ча́йник совсе́м немно́го. Ка́пля, как он и рассчи́тывал, скати́лась к горта́ни, и Диа́на вдруг затрепета́ла и тяжело́ сглотну́ла.

– Молодчи́на! – не́жно сказа́л Вла́дик и ещё подли́л ка́плю воды́. Диа́на опя́ть проглоти́ла, как-то всполоши́вшись. Ви́дно бы́ло, что ей э́то тру́дно.

Вла́дик пои́л мать дово́льно до́лго, пото́м заду́мался, пошёл в ку́хню и нали́л в ча́йник све́жей кипячёной воды́. Мать всегда́ говори́ла ему́, что пить таку́ю во́ду мо́жно то́лько четы́ре часа́, зате́м она́ по санита́рным но́рмам не годи́тся. Она́ всегда́ наста́ивала на том, что́бы Вла́дик пил то́лько све́жую води́чку, тира́нка.

Вла́дик пои́л и пои́л Диа́ну, а пото́м услы́шал вдруг я́вственно разнёсшийся за́пах све́жей мочи́.

– Э, друг мой, – сказа́л Вла́дик, – вы, мада́м, обосса́лися, – и он покача́л голово́й.

Да́лее он принёс све́жие про́стыни и до́лго, пыхтя́, перевора́чивал бесчу́вственное те́ло, причём на ходу́ сообража́я, что руба́шку то́же придётся снять, что на́до бы обтере́ть те́ло чем-то вла́жным, вспо́мнил сове́т врача́ про во́дку с шампу́нем, откры́л ма́терину су́мочку, нашёл там ключи́, и оди́н из них подошёл к две́рце шка́фа. Там он нашёл сто́пку коро́бок конфе́т и, о сча́стье, во́дку, шика́рную пода́рочную во́дку в хруста́льной буты́лке, «э́то подойдёт, – бормота́л он, – э́то подойдёт».

Он ка́пнул в во́дку шампу́нь, причём де́лал э́то с двойны́м удово́льствием, пе́рвое, что во́дка э́та была́ из драгоце́нного пода́рочного фо́нда Диа́ны, для враче́й, и шампу́нь был како́й-то сверхдоро-

offen, sie sah also nichts. Ihr Mund war wieder ausgetrocknet.

Wladik, als kluger Mensch, beschloss, anders vorzugehen. Er drückte die Tülle des Kessels an Dianas Mundwinkel und neigte den Kessel nur ein wenig. Ein Tropfen rann, wie er sich's gedacht hatte, zum Kehlkopf, Diana erbebte plötzlich und schluckte krampfhaft.

« Prima ! » sagte Wladik zärtlich und ließ noch einen Tropfen hineinrinnen. Diana schluckte ihn ebenfalls gierig hinunter. Man sah, dass es ihr schwerfiel.

Wladik gab der Mutter ziemlich lange zu trinken, dann dachte er nach, ging in die Küche und goss frisch abgekochtes Wasser in den Kessel. Die Mutter hatte ihm immer gesagt, das Wasser könne man nur vier Stunden trinken, dann entspräche es nicht mehr den Gesundheitsanforderungen. Sie hatte immer darauf bestanden, dass Wladik nur frisches Wasser trank, die Tyrannin.

Wladik gab seiner Mutter immer mehr zu trinken, da bemerkte er plötzlich deutlich den Geruch von frischem Urin.

« He, mein Freund », sagte Wladik. « Madam, Sie haben reingepisst. » und er schüttelte den Kopf.

Darauf holte er frische Laken und wälzte lange und ächzend den fühllosen Körper, wobei er auf die Idee kam, dass er das Hemd ebenfalls ausziehen und den Körper feucht abreiben musste, er erinnerte sich an den Rat des Arztes, an Wodka mit Shampoo, öffnete die Handtasche der Mutter, fand dort die Schlüssel, und einer passte zur Schranktür. Dort fand er einen Stapel Pralinenschachteln, und, welches Glück, Wodka, Luxuswodka zum Verschenken in einer Kristallflasche, « genau das Richtige », brummte er, « genau das Richtige. »

Er träufelte in den Wodka Shampoo, und tat das mit doppeltem Vergnügen, erstens, weil dieser Wodka aus Dianas wertvollem Geschenkfonds stammte, für die Ärzte, und das Shampoo ebenfalls sauteuer war, es stand neben dem

го́й, стоя́л ря́дом с во́дкой, пра́вда, поча́тый; второ́е, что она́ не понима́ет ни фига́ в обтира́нии те́ла во́дкой с шампу́нем, э́то уже́ чи́сто его́, Вла́диково, зна́ние, его́ приобретённая му́дрость.

Он обтёр те́ло свое́й ма́тушки э́той прия́тно па́хнущей дорого́й сме́сью, испо́льзовав пока́ что суху́ю полови́ну обмо́ченной про́стыни. Так, тепе́рь она́ чи́стая, но э́то ненадо́лго, поду́мал он и сбе́гал снял клеёнку с ку́хонного стола́, а гря́зную посу́ду соста́вил всю на́ пол. Клеёнку он ка́к-то умудри́лся подостла́ть под Диа́ну, валя́л её как бревно́, пришло́сь вы́тащить из-под ма́тери мо́крый тюфя́к, он его́ пока́ бро́сил на́ пол ря́дом с поду́шкой и так и ходи́л по всему́ э́тому босы́ми нога́ми, но спра́вился. Тепе́рь Диа́на в чи́стой руба́шке лежа́ла у него́ на чи́стой простыне́, под кото́рой была́ клеёнка, и ещё он подложи́л ей под гузно́ свёрнутое полоте́нце, как-то всё сообрази́л.

Он накры́л мать её лёгким атла́сным одея́лом, пододея́льник то́же был чи́стый, а на полу́ образова́лось це́лое побо́ище, бельё, про́стыни, поду́шка и тюфя́к. Вре́мя бы́ло уже́ бли́же к утру́, у Вла́дика боле́ла спина́, но глаза́ не слипа́лись, нет. Вла́дик был на подъёме.

Он да́же прочёл в медици́нской энциклопе́дии разде́л «ухо́д за больны́м» и запозда́ло по́нял, как мо́жно бы́ло упра́виться гора́здо лёгче, и э́ту ле́кцию пыта́лся проче́сть сестре́, кото́рая пришла́ к двена́дцати дня винова́тая, начала́ опра́вдываться, одна́ко, уви́дев карти́ну в ма́териной ко́мнате (откры́тая соверше́нно му́тная во́дка, распа́хнутый шкаф, всё как по́сле о́быска на полу́), и таку́ю же карти́ну на ку́хне (вся посу́да гря́зная и опя́ть же на полу́), она́

Wodka, allerdings angebrochen; zweitens, weil die Mutter keine Ahnung hatte, wie man den Körper mit Wodka und Shampoo abrieb, das war sein, Wladiks, Privileg, seine eigene erworbene Weisheit.

Er rieb also den Körper seines Mütterleins mit dieser angenehm riechenden teuren Mischung ab, wobei er die noch trockne Hälfte des eingepullerten Lakens benutzte. So, jetzt ist sie sauber, aber nicht lange, dachte er und rannte die Wachstuchdecke vom Küchentisch holen, das schmutzige Geschirr stellte er einfach auf den Fußboden. Irgendwie schaffte er es, das Wachstuch unter Diana zu legen, er wälzte sie wie einen Holzstamm hin und her, er musste die nasse Matratze unter der Mutter hervorziehen, er warf sie vorerst auf den Fußboden neben das Kopfkissen, und lief über alles hinweg, barfuß, aber er schaffte es. Jetzt lag Diana in einem sauberen Hemd auf einem sauberen Laken, darunter eine Wachstuchdecke, unter den Allerwertesten legte er noch ein zusammengerolltes Handtuch, er hatte so eine Eingebung.

Er deckte die Mutter mit ihrer leichten Atlasdecke zu, der Überzug war ebenfalls sauber, auf dem Fußboden hatte sich allerdings ein ganzes Schlachtfeld gebildet, Wäsche, Laken, Kissen und Matratze. Es war schon gegen Morgen, Wladik tat der Rücken weh, aber die Augen fielen ihm nicht zu, nein. Wladik war in Hochform.

Er las sogar in der medizinischen Enzyklopädie den Abschnitt «Krankenpflege» durch und begriff im nachhinein, wie er alles hätte viel leichter anstellen können, diese Lektion versuchte er seiner Schwester vorzulesen, die gegen zwölf Uhr mittags schuldbewusst eintraf und sich zu rechtfertigen begann, als sie allerdings das Bild im Zimmer der Mutter sah (den geöffneten, völlig trüben Wodka, den aufgebrochenen Schrank, alles wie nach einer Haussuchung auf dem Fußboden) und das gleiche Bild in der Küche (das ganze Geschirr schmutzig und ebenfalls auf dem Fuß-

воспря́ла ду́хом и до́лго крича́ла на Вла́дика, таска́я про́стыни в стира́льную маши́ну, отмыва́я тюфя́к и поду́шку и гото́вя ма́тери ка́шку, таку́ю же, как своему́ му́жу с вы́вихом че́люсти.

Покорми́вши мать, сестра́, одна́ко, смягчи́лась, они́ с Вла́диком попи́ли ча́ю с конфе́тами и пече́ньем всё из того́ же тайника́, зате́м в кото́рый раз пришло́сь перестила́ть ма́тери посте́ль и т. д., Вла́дик опя́ть пыта́лся проче́сть сестре́ ле́кцию по ухо́ду за больны́м, они́ посканда́лили, пото́м помири́лись, и к ве́черу сестра́ ушла́ соверше́нно измоча́ленная, а Вла́дику бы́ло хоть бы хны.

Зате́м прие́хала вы́званная сестро́й дежу́рная врач из поликли́ники, рассказа́ла что бу́дет де́латься, придёт с за́втрашнего дня медсестра́ с уко́лами, вот что на́до купи́ть в апте́ке и т. д., все заверте́лось, Вла́дик де́йствовал как часы́, успе́л в дежу́рную апте́ку, всё купи́л, да́же подкладно́е су́дно, в воскресе́нье опя́ть дово́льно по́здно пришла́ сестра́, пла́кала на ку́хне, кури́ла, они́ вдвоём ре́зали ста́рые про́стыни на пелёнки и т. д., крути́лась стира́льная маши́на, мать лежа́ла чи́стенькая, краса́вица, в кружевно́й руба́шке под краси́вым пододе́яльником: ку́колка!

Вла́дик появи́лся на ка́федре ненадо́лго в понеде́льник с утра́, всё сказа́л, его́ окружи́ли же́нщины и хо́ром дава́ли сове́ты, у ка́ждой, как оказа́лось, был о́пыт, умира́ли до́лго их отцы́, ба́бки, ма́тери, но кому́ тако́е расска́жешь, то́лько тако́й родне́ по несча́стью, други́м не́зачем.

Че́рез три дня Вла́дик по́здно но́чью позвони́л сестре́ и сказа́л:

boden), bekam sie Auftrieb und schrie Wladik lange an, während sie die Laken zur Waschmaschine schleppte, die Matratze und das Kissen säuberte und der Mutter Brei kochte, den gleichen wie für ihren Mann mit dem ausgerenkten Kiefer.

Als sie die Mutter gefüttert hatte, wurde die Schwester jedoch sanfter, Wladik und sie tranken Tee und aßen dazu Pralinen und Gebäck, alles aus dem Geheimversteck, dann musste das Bett der Mutter zum x-ten Mal neu bezogen werden usw., Wladik versuchte erneut, seiner Schwester das Kapitel über Krankenpflege vorzulesen, sie stritten sich, vertrugen sich wieder, und gegen Abend ging die Schwester völlig ausgelaugt weg, während Wladik nichts umhauen konnte.

Dann kam die von der Schwester herbeigerufene diensthabende Ärztin aus der Poliklinik, erzählte, was unternommen werde, vom morgigen Tag an käme eine Schwester zum Spritzen, das hier müsse in der Apotheke besorgt werden usw., alles kam ins Rollen. Wladik agierte wie eine Uhr, er schaffte es noch in die diensthabende Apotheke, kaufte alles, sogar eine Nachtpfanne, am Sonntag kam die Schwester wieder ziemlich spät, weinte in der Küche, rauchte, zu zweit zerschnitten sie alte Laken zu Windeln usw., die Waschmaschine drehte sich, die Mutter lag sauber und schön im Bett, im Spitzennachthemd unter einem schönen Bettbezug: ein Püppchen!

Wladik erschien kurz am Lehrstuhl am Montag gleich früh, erzählte alles, die Frauen umringten ihn und gaben ihm im Chor gute Ratschläge, jede hatte ihre Erfahrung, wie sich zeigte, ihre Väter hatten lange im Sterben gelegen, ihre Großmütter, Mütter, aber wem erzählt man sowas, nur einer im Unglück verwandten Seele, anderen doch nicht!

Drei Tage danach rief Wladik spät in der Nacht seine Schwester an und sagte:

– Ты зна́ешь, мы уме́ем пить. Поздра́вь нас. Она́ тя́нет пря́мо губа́ми из но́сика.

– С ума́ сошёл, буди́ть люде́й. Из но́сика, побе́да. Кста́ти, послеза́втра, наве́рно, освобожда́ется ме́сто в невроло́гии, я вы́била.

У Вла́дика от гне́ва зашуме́ло в голове́.

– Да заче́м, – сказа́л Вла́дик, – я не отда́м её, ты что. В больни́цу ещё.

И он бы́стро положи́л тру́бку и вы́ключил телефо́н.

« Weißt du was, wir können jetzt trinken. Kannst uns gratulieren. Sie saugt mit den Lippen direkt an der Tülle. »

« Bist du verrückt einen aufzuwecken. An der Tülle, ein Sieg. Übrigens, übermorgen wird wahrscheinlich ein Platz in der Neurologie frei, hab ich durchgeboxt. »

Vor Zorn fing Wladiks Kopf an zu dröhnen.

« Wozu », sagte Wladik, « ich geb sie nicht her, na hör mal. Ins Krankenhaus, noch schöner. »

Und legte schnell den Hörer auf und stellte das Telefon ab.

Марина Вишневецкая: Архитектор запятая не мой

Моя жизнь, и лицо, и особенно выраженье лица – всё во мне – оттого что я – тело.

Ко мне уже два раза подходили на улице и говорили, один раз: «Девочка, у тебя никто не умер?», в другой раз: «Мальчик, у тебя что-то стряслось?» Им совершенно ведь всё равно, тело я девочки или тело я мальчика. Я сама очень долго хотела, чтобы мне это было до фени.

Пляж есть пляж. Пляж есть лежбище тел. И всю жизнь я мечтала приехать к морю зимой – не к телам чтоб, а к морю. А послали к телам. Вот и вышло всё боком – то левым, то правым.

Что я Тане скажу?

Таня разве что пожалеет, всю обнимет, прижмёт до хруста, но понять – не поймёт. Это и невозможно понять. Таня думает, мне нужна грудь хотя бы второго размера. Я от слова *размер* сатанею, я не болт и не винт! Я не вещь. И при этом я – тело. Тело, находящееся в свободном падении, – вот что я Тане ещё на платформе скажу.

Или не скажу. Ей ведь нетрудно быть телом. А остальным ещё больше чем нетрудно: им это в кайф. Уму непостижимо! Моему скудному уму. И значит, надо либо с этим смириться, либо что-нибудь сделать. Но ведь я попыталась!

Они ворочали свои тела, как ворочают джезвы в раскалённом песке, и с вожделением ждали любого взгляда – как ждут, когда же кофе ударит в голову. И, конечно, *размер*... вплоть до того, что взять бинокль и обстоятельно разглядеть. Не всегда сально, но всегда жадно – как будто

Marina Wischnewezkaja: Der Architekt Komma Der nicht mit mir spricht

Mein Leben, mein wahres Gesicht und besonders mein Gesichtsausdruck – alles an mir ist, weil ich ein Körper bin.

Zweimal bin ich schon auf der Straße angesprochen worden, das eine Mal: «Mädchen, ist jemand gestorben?», das andere: «Junge, ist dir was zugestoßen?» Denen konnte es ja egal sein, ob ich ein Mädchenkörper oder ein Jungenkörper bin. Ich habe selbst sehr lange gewollt, dass mir das schnuppe ist.

Ein Strand ist ein Strand. Ein Strand ist ein Herdenrevier für Körper. Mein Leben lang hab ich davon geträumt, im Winter ans Meer zu fahren, eben nicht zu Körpern, sondern zum Meer. Aber geschickt wurd ich zu Körpern. Und prompt ging alles schief, mal nach links, mal nach rechts.

Was sag ich bloß zu Tanja?

Tanja wird mich allenfalls bedauern, in die Arme schließen und feste drücken, aber verstehen ist bei ihr nicht drin. Man kann es ja auch nicht verstehen. Tanja meint, ich bräuchte einen Busen von mindestens Größe B. Beim Wort *Größe* flippe ich aus, ich bin kein Bolzen und keine Schraube. Keine Sache. Dafür aber ein Körper. Ein Körper im freien Fall – das sag ich Tanja gleich auf dem Bahnsteig.

Oder auch nicht. Ihr fällt es ja leicht, Körper zu sein. Und für die anderen ist es mehr als leicht, die finden es super. Das geht über meinen Verstand! Kümmerlich, wie er ist. Also muss man sich damit abfinden oder irgendwas unternehmen. Aber ich hab's ja versucht!

Da drehten sie ihre Körper hin und her, als wären's türkische Kaffeekännchen, die man im heißen Sand ruckelt, und warteten so begierig auf Blicke, wie man auf die Dröhnung vom Kaffee wartet. Und dann natürlich die *Größe* – das ging sogar bis zur gründlichen Musterung mit Hilfe eines Fernglases. Nicht immer anzüglich, aber immer ver-

от э́того зави́сит жизнь... И́ли их чу́вство жи́зни – чу́вство прису́тствия в них жи́зни.

Пал Серге́ич, наве́рно, до сих пор ду́мает, что э́то он меня́ снял. И пусть себе́ ду́мает. Я и Та́не скажу́: гад ползу́чий, напои́л – да неуже́ли бы я на тре́звую го́лову, ну, почти́ с кем попа́ло, в два с ли́шним раза ста́рше себя́?..

Фиг бы он меня́ напои́л, е́сли бы я э́того не хоте́ла. Я, коне́чно, не совсе́м э́того хоте́ла. Мо́жно да́же сказа́ть, что совсе́м не э́того. Но и в том числе́ я хоте́ла э́ту га́дость, им пла́вки напряга́ющую, га́достью переста́ть счита́ть. И вот э́то как раз получи́лось. Тупоры́лый, вполне́ беззащи́тный зверёк. И яйцо́, и игла́, на конце́ у кото́рой – жизнь и смерть, – сра́зу всё.

На́до вы́брать для Та́ни таки́е слова́, что́бы вы́шел расска́з. И ниско́лько не врать, про́сто пра́вильно вы́брать. С Пал Серге́ичем мы сиде́ли в столо́вой за одни́м, на четы́ре персо́ны, столо́м. Голубы́е глаза́ сквозь очки́. Го́лос тих и бесцве́тен. Скорпио́н. Щёки впа́лы, дово́льно высо́к. Архите́ктор, но по привя́зке объе́ктов непосре́дственно к ме́стности. Немно́го зану́ден. Снача́ла каза́лось, не ба́бник. Потому́ что бабёшки к нему́ – он ко мне: «Ну их к Бо́гу!» И уйдём на лима́н и там ро́ем моллю́сков – ему́ ры́бу лови́ть на живца́. И́ли днём в ти́хий час на соля́рии в ша́шки игра́ем. В ба́ре пи́ва попьём... В о́бщем, всё по-мужски́. О себе́, о семье́ – ни полсло́ва. Всё то́лько: Пари́ж, Барсело́на, ах, творе́ния Га́уди – паради́з на земле́, ах, Вене́ция!.. «Паради́з, – говорю́, – на воде?» – «Молоде́ц! Пря́мо в то́чку! Ты счастли́вая, Юля, у тебя́ э́то всё впереди́!» – «На каки́е шиши́?» – «Ты по-

sessen, als hinge das Leben davon ab. Oder ihr Lebensgefühl – das Gefühl, dass noch Leben in ihnen steckt.

Pal Sergeïtsch glaubt wahrscheinlich bis jetzt, dass er es war, der mich rumgekriegt hat. Soll er ruhig. Tanja sag ich das auch: Dieser miese Dreckskerl, betrunken hat er mich gemacht – würd ich etwa nüchtern, na, fast mit dem ersten besten, der mehr als doppelt so alt ist wie ich?!

Den Teufel hätte er mich betrunken gemacht, wenn ich das nicht gewollt hätte. Natürlich wollte ich nicht genau das. Man könnte sogar sagen, genau das nicht. Aber unter anderem wollte ich dieses Eklige, das ihnen die Badehose spannt, aufhören eklig zu finden. Und genau das hat funktioniert. Ein völlig harmloses Tierchen mit stumpfem Rüssel. Ei und Nadel aus dem Märchen von Puschkin, in deren Spitze Leben und Tod stecken, alles gleichzeitig.

Für Tanja muss ich die Worte so wählen, dass eine Geschichte daraus wird. Und ich muss nicht mal lügen, bloß die Worte richtig wählen. Pal Sergeïtsch und ich haben im Speisesaal zu zweit an einem Tisch für vier Personen gesessen. Blaue Augen hinter Brillengläsern. Stimme leise und farblos. Skorpion. Wangen eingefallen, ziemlich groß. Architekt, aber nur für die unmittelbare Anbindung der Objekte ans Umfeld. Ein bisschen penetrant. Anfangs sah's so aus, als wär er kein Weiberheld. Kommen nämlich die Weiber zu ihm, sagt er, so er zu mir: «Zum Herrgott mit ihnen!» Gehen wir also zur Lagune und graben da nach Muscheln, denn er angelt mit Lebendködern. Oder spielen wir während der Mittagsruhe auf der Sonnenterrasse Dame. Trinken wir in der Bar ein Bierchen … Also alles wie unter Männern. Über sich, über die Familie kein Sterbenswörtchen. Immer bloß Paris, Barcelona, ach, die Werke Gaudís – das Paradies auf Erden, ach, Venedig! «Das Paradies auf dem Wasser?» frage ich. «Bravo! Ins Schwarze getroffen! Du bist glücklich, Julia, du hast das alles noch vor dir!» «Und mit welcher Knete?» «Erlaubst

зво̀лишь дать тебѐ совѐт? На̀до вѐрить, и всё получится!»

На совѐты его̀ я хотѐла плева̀ть.

Нет, так бу̀дет нескла̀дно.

От совѐтов его̀ я немно̀го плыла̀, я торча̀ла: скажѝте, забо̀та кака̀я – и с чего̀ бы?

Любѝл или нет? Та̀ня мо̀жет спросѝть напряму̀ю: про любо̀вь говорѝл? а уха̀живал до̀лго? – Стра̀шно до̀лго, Танюша. Бо̀льше ча̀са. Да что я? Часа̀ полтора̀ ѝли да̀же все два.

Пѝво пил и твердѝл: «Ты меня̀ берегѝсь!» – «Вас? С чего̀ бы?» – «Я люблю̀ чудеса̀». – «На здоро̀вье. А я при чём?» – «Чу̀до – ты». – «Вы, небо̀сь, без шапчо̀нки сего̀дня лежа̀ли, вот голо̀вку и напекло̀!» – «Уж повѐрь мне, чудѐснее чу̀да нет, чем рождѐние жѐнщины из пѐны морско̀й!» – и ушёл. Я решѝла, что в туалѐт. Ла̀дно, жду. Две буты̀лки взяла̀ «Жигулёвского», что̀бы по̀ровну с ним заплатѝть. А его̀ нет и нет. Ну взяла̀ я буты̀лки и в но̀мер к нему̀: «Пал Сергѐич, у вас холодѝльник ведь есть? Мо̀жет, су̀нете – за̀втра попьём». – «Я сего̀дня хочу̀». – «На здоро̀вье!» – «Я с тобо̀ю хочу̀!» – «Чем со мной, лу̀чше с во̀блой». – «А во̀дки хо̀чешь? По чуть-чуть?» И про сы̀на вдруг на̀чал. Я у̀ши развѐсила. Сын под слѐдствием: что̀бы дру̀га не бро̀сить ѝли, ка̀жется, что̀бы хра̀брость ему̀ показа̀ть – с ним пошёл брать киѝоск – в пѐрвый раз, и его̀ замелѝ. Друг удра̀л – сын сидѝт. «Юльк, ты мо̀жешь мне объяснѝть – вот за что? Э̀то я винова̀т. Э̀то ка̀рма – моя̀. Я их бро̀сил, он с ма̀терью рос. Вѐришь, всё бы о̀тдал, что̀бы он здесь сидѐл, а я – там. Ты мне вѐришь?» – «В о̀бщем. . . да». – «За Андрю̀шку!

du mir, dir einen Rat zu geben? Du musst nur daran glauben, dann wird alles wahr!»

Auf seine Ratschläge konnte ich verzichten.

Nein, das ergibt keinen Zusammenhang.

Seine Ratschläge fand ich toll, ich war ganz von der Rolle: Diese Fürsorge, bitte schön, woher kam die?

Hat er mich geliebt oder nicht? Tanja ist imstande und fragt glatt: Hat er von Liebe gesprochen? Dir lange den Hof gemacht? Schrecklich lange, Tanjalein. Mehr als eine Stunde. Was sag ich? Anderthalb Stunden oder sogar ganze zwei.

Er trank Bier und beteuerte: «Hüte dich vor mir!» «Vor Ihnen? Wieso?» «Ich liebe Wunder.» «Aber bitte. Und was hab ich damit zu tun?» «Das Wunder bist du.» «Sie waren wohl heute ohne Mütze draußen und haben sich einen Sonnenstich geholt!» «So glaub mir doch, es gibt kein wundervolleres Wunder als die Geburt einer Frau aus dem Schaum des Meeres!» Und er ging. Ich nahm an, zur Toilette. Na gut, ich warte. Zwei Flaschen Shigulew-Bier hab ich gekauft, um das Gleiche wie er zu bezahlen. Und er kam und kam nicht. Nahm ich also die Flaschen und ging auf sein Zimmer: «Pal Sergeïtsch, Sie haben doch einen Kühlschrank? Vielleicht stellen Sie's rein, und wir trinken es morgen.» «Ich will aber heute.» «Lassen Sie sich's schmekken.» «Ich will mit dir!» «Ach was, dann doch lieber mit Räucherfisch.» «Möchtest du vielleicht Wodka? Ein klein bisschen?» Und fing plötzlich von seinem Sohn an. Ich war ganz Ohr. Gegen den Sohn läuft ein Verfahren: Um seinen Freund nicht im Stich zu lassen oder vielleicht auch, um ihm seinen Mut zu beweisen, hat er mit ihm einen Kiosk überfallen, und sie haben ihn gleich beim ersten Mal geschnappt. Der Freund ist geflitzt, der Sohn sitzt. «Warum nur, Julchen, kannst du mir das erklären? Daran bin ich schuld. Das ist mein Karma. Ich hab die beiden verlassen, er ist bei der Mutter aufgewachsen. Glaub mir, ich gäbe alles her, damit er hier säße und ich dort. Glaubst du mir?»

Чтоб храни́л его́ Бог! Э́ту на́до до дна!» – «Бог вам в по́мощь». – «Фанта́стика, Ю́лька! Вот сиди́м мы с тобо́й – незнако́мые лю́ди, а как бу́дто бы знал тебя́ це́лую жизнь. Я так рад, что ты здесь!» – и вдруг дверь побежа́л запира́ть изнутри́.

Я – как бу́дто не ви́жу. Я голо́вку роня́ю – мол, с меня́ взя́тки гла́дки. Та́не лу́чше сказа́ть, что засну́ла, а просну́лась – он ря́дом лежи́т, злоде́й.

Парадо́кс заключа́ется в том, что под у́тро я в Па́шу влюби́лась. То́ есть, в о́бщем, уже́ и не я. Я просну́лась, а те́ло моё – не моё. Мне его́ никогда́ ведь не на́до бы́ло. И, наве́рно, поэ́тому я так легко́ переста́ла его́ ощуща́ть как своё. Я его́ ощути́ла как Па́шину вещь, абсолю́тно бесце́нную Па́шину вешь. «Что за пре́лесть, – он так про него́ говори́л, – что за чу́до!»

Изве́стное де́ло, о вку́сах не спо́рят.

У́тром ду́маю: как же мне да́льше-то жить? Я ведь всё-таки в те́ле, а те́ло – его́, зна́чит, вся я – его́? Э́то в пла́ны мои́ не входи́ло. Па́ша спал. Я оде́лась и ти́хо ушла́. Мо́ре бы́ло так ма́ло похо́же на мо́ре: ни цве́та, ни зву́ка... Мо́ре бы́ло, как е́сли собра́ть всю-всю не́жность люде́й, птиц, звере́й, насеко́мых, дере́вьев – всю, что есть на земле́, и уви́деть её.

Мне б пойти на соля́рий – посмотре́ть на восхо́д, но я зна́ла и так, как каса́ется со́лнце лима́на, как меня́ Пал Серге́ич: «Ты не бо́йся, я то́лько к тебе́ прикосну́сь...» И я в мо́ре поле́зла – а вода́ – ледяна́я. Мне не то что отмы́ться хоте́лось. Мне, наве́рно, хоте́лось, что́бы кто́-то друго́й или что́-то друго́е всю меня́ поглоти́ло, пронзи́ло...

«Im großen und ganzen … ja.» «Auf Andrjuscha! Möge Gott ihn schützen! Und runter damit!» «Gott helfe Ihnen.» «Es ist fantastisch, Julchen! Da sitzen wir, sind uns eigentlich fremd, aber mir kommt es vor, als würde ich dich mein Leben lang kennen. Ich bin so froh, dass du hier bist!» Und plötzlich rannte er zur Tür und schloss von innen ab.

Ich tat, als hätte ich nichts gesehen. Ließ das Köpfchen hängen, so nach dem Motto: Bei mir ist nicht viel zu holen. Tanja sag ich lieber, dass ich eingeschlafen bin, und als ich aufwachte, lag er neben mir, der Unhold.

Das Paradoxe ist, dass ich mich gegen Morgen in Pascha verliebte. Das heißt, im Grunde nicht ich. Ich wurde wach, und mein Körper war nicht mehr meiner. Ich hatte ihn ja nie gebraucht. Wahrscheinlich konnte ich deshalb so leicht aufhören, ihn als meinen zu empfinden. Ich empfand ihn jetzt als Paschas Sache, als Paschas absolute Wertsache. «Was für ein Liebreiz», sagte er die ganze Zeit von ihm, «was für ein Wunder!»

Über Geschmack lässt sich nicht streiten, das ist bekannt.

Morgens dachte ich: Und wie soll ich in Zukunft leben? Ich bin ja nun mal im Körper, und der Körper gehört ihm – heißt das, mein ganzes Ich gehört jetzt ihm? Das passte nicht in meine Pläne. Pascha schlief. Ich zog mich an und ging leise raus. Das Meer sah so wenig nach Meer aus, ohne Farbe, ohne Laut … Das Meer sah aus, als wäre alle Zärtlichkeit auf Erden – von Menschen, Vögeln, wilden Tieren, Insekten und Bäumen – zusammengenommen und offenbart worden.

Ich hatte Lust, auf die Sonnenterrasse zu gehen und den Sonnenaufgang anzuschauen, aber ich wusste auch so, dass die Sonne die Lagune berühren würde wie Pal Sergeïtsch mich: «Hab keine Angst, ich will dich nur berühren ….» Ich ging also schwimmen. Das Meer war eisig. Es war nicht so, dass ich mich abwaschen wollte. Es war wahrscheinlich so, dass ich von jemand anderem oder etwas anderem komplett verschlungen oder durchdrungen werden wollte …

А к ве́черу – жар. Пал Серге́ич пропа́л: нет ни к за́втраку, ни к обе́ду. К у́жину я сама́ не пошла́ – 38,6°.

Э́тот день был как год – год не зна́ю чьей жи́зни, не мое́й – э́то то́чно. Я боя́лась всего́: что придёт, что уе́хал, что бро́сил, что я́вится вдруг с ро́зами, за кото́рыми, очеви́дно, пое́хал, что предло́жит мне ру́ку и се́рдце – а как я могу́, институ́т я не бро́шу, а он в Запоро́жье живёт. Он кольца́ не носи́л – ни на ле́вой руке́, ни на пра́вой. И я ду́мала... Е́сли б не жар, мне, коне́чно, хрено́вее бы́ло бы.

Он на мне, как на фле́йте, игра́л, понима́ешь? Наш физру́к говори́л: «Кто приве́сил на бру́сья соплю́?» «Я приве́сил», – отвеча́л ему́ ста́роста Ва́нечка. Он подса́живал мно́гих, не одну́ ведь меня́! Ла́дно, Бог с ним. Ма́ма лу́чше приду́мала: «Что тебе́ ни купи́, из всего́ умудря́ешься шпингалётом торча́ть!»

А тепе́рь я торча́ть бу́ду фле́йтой.

Он губа́ми каса́лся меня́ (не меня́, коне́чно, а те́ла), и я чу́вствовала, что он зву́ка ждёт – чи́стой но́ты. Звук же – го́лос я име́ю в виду́, – он уже́ не из те́ла идёт, он идёт из меня́... ну, почти́ из меня́.

Что я, Таня, плету́? Про́сто го́лос, мне ка́жется, – э́то клей, прикрепля́ющий те́ло к душе́, – то́нкий слой. Я физи́чески ощуща́ю, как своими ни́зкими но́тами он сгуща́ется в те́ло, в теле́сность, а высо́кими – отлета́ет, дробится, растворя́ется...

(«Хор кастра́тов», – ты на э́то мне ска́жешь. И ещё ты мне ска́жешь, что е́сли анти́чность – э́то счастли́вое де́тство челове́чества, то сред-

Und am Abend – Fieber. Pal Sergeïtsch war verschwunden, kam weder zum Frühstück noch zum Mittagessen. Zum Abendessen ging ich selber nicht – 38,6°.

Der Tag war wie ein Jahr, ein Jahr im Leben von ich weiß nicht wem, von mir bestimmt nicht. Ich hatte vor allem Möglichen Angst: dass er herkommt, dass er abgefahren ist, dass er mich verlassen hat, dass er plötzlich mit Rosen auftaucht (denn um die zu kaufen, war er offenbar weggefahren), dass er mir Herz und Hand anträgt – und wie soll das gehen, das Institut geb ich nicht auf, und er wohnt in Saporoshje. Einen Ring trug er nicht, weder an der linken noch an der rechten Hand. Und ich grübelte ... Ohne Fieber wäre es mir natürlich noch dreckiger gegangen.

Er hat wie auf einer Flöte auf mir gespielt, verstehst du? Unser Sportlehrer hat immer gefragt: «Wer hat das Popelchen an den Barren gehängt?» «Das war ich», antwortete Wanjetschka, der Klassensprecher. Er hat vielen raufhelfen müssen, nicht nur mir! Na ja, was soll's. Mama hatte sich was besseres ausgedacht: «Was man dir auch kauft, du bringst es fertig, aus allem wie 'ne Spindel rauszugucken.»

Jetzt werd ich wie ne Flöte aus allem rausgucken.

Als er mich mit den Lippen berührte (nicht mich natürlich, den Körper), fühlte ich, wie er auf einen Laut wartete, auf einen reinen Ton. Und der Laut, ich meine, die Stimme, kommt ja nun nicht aus dem Körper, sondern aus mir, na ja, fast aus mir.

Was schwafle ich da, Tanja? Mir kommt es einfach so vor, als wäre die Stimme der Klebstoff, der den Körper an die Seele heftet, eine dünne Schicht bloß. Ich spüre physisch, wie sie sich in den tiefen Tönen zum Körper oder zur Körperlichkeit verdichtet und in den hohen wegfliegt, zersplittert, sich auflöst ...

(«Kastratenchor», sagst du mir darauf. Und dann sagst du mir noch, wenn die Antike die glückliche Kindheit der Menschheit war, dann war das Mittelalter ihre qualvolle

невековье – его мучительное отрочество, и что отрочество в принципе не может быть иным. И что любое отрочество есть средневековье, и что у тебя перед глазами имеется собственный отрок...
– Но извини меня! Ты ведь ещё не знаешь всего! И не узнаешь – такое тоже может случиться. Пал Сергеич – уже пройденный этап!)

Он, конечно, не розы рванул покупать, а на лодке-моторке с какими-то местными рыбаками... Ночевал он в деревне и утром опять с ними в море пошёл. Я не знаю, соврал или нет. Он хотел, чтоб я место своё поняла – номер восемь – вот это уж точно. И ангина моя страшно кстати пришлась. Забежит, фрукт положит – и всегда в тот момент, когда Нина Петровна, соседка, либо в койке лежит, либо волосы чешет костяным гребешком – тридцать три волосинки.

А мне что? Я лежу шпингалетом, но ещё воображаю, что флейтой. И весь пляжный развал наблюдаю в окно. Как швыряют две тёлки лет тридцати – без всего, в одних повязочках набедренных – пластмассовую тарелку, и весь пляж только этим и жив. Им и море не в кайф, и карты не карты – только лишний бы раз на девах посмотреть: и чтоб жена не заметила, и чтоб при этом поплейбойнее слайдик застать. И вот плющу я свой хмурый лоб о стекло: это просто какой-то террариум – и при этом пытаюсь себя убедить, что я с ними одной породы. Я и так, я и этак: пол есть пол-, значит, пол человека – это полчеловека... Пол плюс пол – пол-учается целое. Значит, если ты хочешь случиться, то есть целостность обрести, значит, надо пойти и случиться... Тут смотрю, Пал Сергеич с глазами голодной

Pubertät. Und die Pubertät kann prinzipiell nicht anders sein. Und jede Pubertät ist ein Mittelalter, und du hast ständig eine Pubertierende vor Augen, deine eigene Schwester ... Jetzt entschuldige mal! Du weißt ja noch nicht alles! Und vielleicht erfährst du's nie, das kann dir auch passieren. Pal Sergeïtsch gehört schon der Vergangenheit an!)

Natürlich ist er nicht zum Rosenkaufen losgebraust, sondern im Motorboot, mit irgendwelchen Fischern von hier... Übernachtet hat er im Dorf, und morgens ist er wieder mit ihnen aufs Meer gefahren. Ich weiß nicht, ob er gelogen hat oder nicht. Er wollte, dass ich kapiere, wo ich hingehöre, soviel ist sicher – nämlich auf Nummer 8. Und meine Angina kam da grade wie gerufen. Er kam angerannt, brachte mir Obst, und zwar immer dann, wenn meine Zimmernachbarin Nina Petrowna entweder auf der Pritsche lag oder mit einem Hornkamm ihr Haar frisierte, diese dreiunddreißig Härchen.

Und was blieb mir? Ich lag da wie eine Spindel, fühlte mich aber immer noch als Flöte. Und beguckte mir die ganze Stranddekadenz durchs Fenster: Wie zwei Schnepfen um die dreißig ohne irgendwas an, bloß mit Strippen um die Hüfte, mit einer Plastikscheibe um sich warfen und dadurch den ganzen Strand am Leben hielten. Das Meer machte keinen Spaß mehr, das Kartenspiel war fade – man wollte nur noch Blicke auf die Miezen werfen, bloß die Frau durfte nichts merken, und die Perspektive sollte möglichst playboymäßig sein. So walzte ich meine umwölkte Stirn auf dem Fensterglas hin und her – das reinste Terrarium – und versuchte mir einzureden, dass sie und ich zur gleichen Art gehören. Ich hab's von allen Seiten probiert: Sex ist komplex, also ist der Sex des Menschen der Komplex des Menschen ... Komplex plus Komplex macht ein komplexes Ganzes. Willst du also etwas ergeben, das heißt eine Ganzheit bilden, dann musst du hingehen und dich hingeben ... Da sah ich, dass Pal Sergeïtsch mit den Augen eines hung-

соба́ки э́тим са́мым дева́хам таре́лку лета́ющую несёт. И не зна́ет, кото́рую ра́ньше всю-всю-всю изглазе́ть.

Я пото́м говорю́: «Ты на них так смотре́л!» Он: «Они́ хороши́ – не́ту слов. Но ты... Ю́лечка, ты насто́лько друго́е!» – «Интере́сно, почему́ в сре́днем ро́де?» – «Потому́ что как со́лнце и мо́ре – ра́нним у́тром». – «Скуча́л?» – «О́чень. О́чень!»

И я сно́ва пыта́лась быть фле́йтой. Он – гобо́ем. Я учи́лась брать но́ты. Получа́лось! Он звуча́л так протя́жно, так и́скренне... Го́лос то́же ведь гол, но – друго́й нагото́й. А сейча́с я не зна́ю: друго́й или той же. Я запу́талась. Та́ня, когда ты поёшь – напева́ешь без слов – ты поёшь ведь душо́й?..

О́чень тру́дно быть ве́щью. А стать – так недо́лго. Вот тебя́ позабы́ли на пля́же, вот тебя́ оброни́ли в столо́вой и́ли ху́же – за це́лые су́тки и не вспо́мнили, что ты есть, что ты где́-то лежи́шь и пыли́шься. И – коне́ц. Ты – поле́но. Мо́лча жди, когда па́па Ка́рло сно́ва вы́нет из голени́ща нож: где́-то мой Бурати́но, мой дурачо́к недоре́занный? Мы на пля́же ведь по́рознь лежа́ли. Он уже́ мне сказа́л, что втори́чно жена́т и что тут сослужи́вцы, а гла́вное – мне и само́й куда́ как есте́ственней болта́ть и резви́ться с рове́сниками, то есть с уны́лой па́рочкой, фанате́ющей от Б.Г. (так весь срок и лежали в нау́шниках – наизу́сть его́, что ли, учи́ли? Лёнка то́лько подни́мет го́лову: «Живо́тные неви́данной красы́». А Макси́м на подхва́те: «Вон, вон смотри́, – и в мужика́

rigen Hundes diesen Tussis ihre fliegende Untertasse wiederbrachte. Und nicht wusste, welche er zuerst von oben bis unten begaffen sollte.

Später hab ich gesagt: «Du hast sie so angestarrt!» Er: «Ein hübscher Anblick, da ist nichts zu sagen. Aber du … Julchen, du bist was völlig anderes!» «Und wieso bitte das Neutrum?» «Weil du wie das Sonnenlicht und das Meer am frühen Morgen bist.» «Hast du dich nach mir gesehnt?» «Sehr. Sehr!»

Und ich versuchte wieder, Flöte zu sein. Er dafür Oboe. Ich habe gelernt, Töne hervorzubringen. Es hat funktioniert! Und klang so gedehnt, so aufrichtig … Auch die Stimme ist ja nackt, aber das ist eine andere Nacktheit. Im Moment weiß ich allerdings nicht mehr, ob es eine andere ist oder doch dieselbe. Ich bin durcheinandergekommen. Tanja, wenn du singst, das heißt summst, ohne Worte, dann singst du doch mit der Seele?

Es ist sehr schwer, eine Sache zu sein. Zu einer zu werden geht ganz fix. Da hat man dich am Strand vergessen, im Speisesaal sitzen gelassen oder schlimmer noch den ganzen Tag nicht mal daran gedacht, dass es dich gibt, dass du irgendwo liegst und einstaubst. Und das war's dann. Du bist ein Stück Holz. Schweig still und warte ab, bis Papa Carlo wieder das Messer aus dem Stiefelschaft zieht: Wo ist denn mein Pinocchio, mein ungehobeltes Dummerle? Am Strand lagen wir ja getrennt. Er hatte mir schon gesagt, er sei zum zweiten Mal verheiratet und es seien Arbeitskollegen von ihm hier, aber vor allem wäre es für mich doch viel natürlicher, mich mit meinen Altersgenossen zu unterhalten und zu amüsieren, das heißt mit dem trostlosen Pärchen, das Boris Grebenschtschikow anhimmelte (die ganze Zeit lagen sie mit Kopfhörern da – lernten sie ihn auswendig oder was? Lenka hob bloß den Kopf: «Tiere von noch nie gesehner Schönheit!» Und Maxim fiel gleich ein: «Oh sieh nur, sieh», er zeigte auf einen

татуированного тычет, – вол, исполненный очей!»).

Им и без меня хорошо было.

Ну и вот, просыпаюсь я ночью, Нина Петровна храпит, как живая, а я лежу и не знаю, я есть или меня нет. Встала, оделась зачем-то и на лоджию вышла. Там луна развалилась, как небесное тело, тоже, знаешь, дебелая вся. Воздух, как проститутка, надушен – даже трудно дышать. И полезла я, Танечка, с нашей лоджии на соседнюю, а с соседней – опять на соседнюю. Путь неблизкий: по фасаду шесть лоджий и четыре ещё за углом. Я не знаю, чего я хотела. Я хотела увидеть, как спит человек, как он дышит во сне, просто рядом прилечь... По дороге трусы чьи-то сбросила вниз. Ну, короче, долезла я до его полулюкса, у него там стояла кровать и зелёный диван. Захожу. А в кровати как будто и нет никого. Но дыхание слышу. Иду на дыхание. Смотрю, на диване мой Павел Сергеич – с какою-то тёткой. Спят себе без чего бы то ни было – жарко им! А меня уже не было в этот момент. И настолько меня уже не было, что я даже решила с них простынку стянуть, чтоб увидеть, какая она целиком, что он в женщине ценит.

Вдруг она как в бреду: «Погаси! Боже мой! Боже мой!» Я – к окну и за штору. Стою и не знаю, что же сделать такого, чтобы стать, чтобы быть! Разбудить их – а дальше? Тут смотрю, на окне чья-то верхняя челюсть в стакане – почти целиком, дырки три в ней – не больше. Я её завернула в платок, хоть и было противно. Если, думаю, Пашины зубки – память будет – и мне, и ему. Если зубки

tätowierten Kerl, «ein Ochs, bloß Augen und sonst nichts!»).

Denen ging's auch ohne mich gut.

Also, in der Nacht wurde ich wach, Nina Petrowna schnarchte in den höchsten Tönen, und ich lag da und wusste nicht, ob ich bin oder nicht bin. Ich stand auf, zog mich aus irgendeinem Grund an und ging auf den Balkon. Dort rekelte sich wie ein Himmelskörper Frau Luna, du weißt ja, auch so eine Feiste. Die Luft war parfümiert wie eine Prostituierte, sogar das Atmen fiel schwer. Und ich kletterte von unserem Balkon auf den nächsten, Tanjalein, und vom nächsten wieder auf den nächsten. Der Weg war lang, sechs Balkone an der Hausfront und um die Ecke noch mal vier. Ich weiß nicht, was ich wollte. Ich wollte sehen, wie er schläft, wie er im Schlaf atmet, mich einfach ein bisschen neben ihn legen ... Auf dem Weg warf ich von irgendwem die Unterhose runter. Kurz, ich kletterte bis zu seinem «Halbluxus»-Zimmer, wo es ein Bett und ein grünes Sofa gab. Ging rein. Im Bett schien keiner zu sein. Aber ich hörte Atmen. Ging dem Atmen nach. Und was sah ich da: Auf dem Sofa lag mein Pawel Sergeïtsch mit irgendeiner Braut. Die schliefen ohne einen Faden am Leib, denen war heiß! Ich war nicht mehr da in diesem Moment. Ich war derartig nicht mehr da, dass ich ihnen sogar das Laken runterziehen wollte, um zu sehen, wie sie so ist, auf was für Frauen er steht.

Plötzlich ihre Stimme, als redete sie irre: «Mach aus! Mein Gott! Mein Gott!» Ich zum Fenster und hinter den Vorhang. Stand da und wusste nicht, was ich bloß tun sollte, um zu werden, um zu sein! Sie wecken – und was weiter? Da sah ich auf der Fensterbank eine Zahnprothese im Glas, fast der ganze Oberkiefer mit drei Lücken. Ich hab sie in mein Taschentuch gewickelt, obwohl es mich geekelt hat. Wenn das Paschas Zähne sind, hab ich gedacht, wird's ein Andenken, für mich und für ihn. Wenn es die

дева́хины, то́же нехи́ло. Кенгуру́, чтоб ты зна́ла, не от ста́рости до́хнут, а когда́ до корне́й свои́ зу́бы сотру́т.

Бы́ло чу́вство, что я отыска́ла яйцо́ и уже́ надломи́ла иглу́ – понима́ешь? Я переста́ла быть ве́щью. Вещь в карма́не лежа́ла. Да́же бо́льше, чем вещь, – те́ла часть!

Я вчера́ поняла́, для чего́ я живу́.

Я живу́, что́бы всё-всё-всё ощути́ть – всё, что то́лько возмо́жно! Чьи́-то зу́бы – в карма́не – грандио́зно, не так ли? Но снача́ла был страх, что приду́т, что найду́т и́ли Ни́на Петро́вна проснётся и их обнару́жит. Я трясла́сь до рассве́та – я так никогда́ не трясла́сь. Мне присни́лось, что со́лнце рожа́ется из земли́ – из её чёрных недр вылеза́ет голо́вкой вперёд – и что вме́сто восхо́да растека́ется кровь. Я вскочи́ла – я ду́маю, ме́ньше ча́са прошло́. А восхо́д-то как раз затева́лся вполне́ безоби́дный. Мой трофе́й под поду́шкой лежа́л – как меня не стошни́ло, не зна́ю! В о́бщем, шо́рты напя́лила, су́нула в за́дний карма́н э́ту шту́ку и пошла́ на лима́н.

Он там ря́дышком, сра́зу за тра́ссой – весь в замше́лых пруда́х и цика́дах. Я иду́, а они́, сло́вно ба́бушкин «Зи́нгер», строча́т и к земле́ пришива́ют себя́, э́то у́тро, меня́, мои́ страхи – так, как бу́дто без них э́то всё испари́тся. А так – бу́дет здесь! Не цита́та – э́то цика́да, что, коне́чно же, ми́ло, но кни́жно, а цика́да – э́то цита́та. Понима́ешь?

В о́бщем, вы́брала я озерцо́ позаплесневе́лей, разверну́ла плато́чек. А ка́мень я ещё по пути́ припасла́. Положи́ла его́ ря́дом с зу́бками, завяза́ла крест-на́крест – и в во́ду.

von der Tussi sind, ist das auch nicht übel. Damit du's weißt, Kängurus sterben nicht an Altersschwäche, sondern dann, wenn ihre Zähne bis zu den Wurzeln abgewetzt sind.

Es war ein Gefühl, als hätte ich das Ei gefunden und die Nadel schon zerknickt, verstehst du? Ich hörte auf, eine Sache zu sein. Die Sache steckte in meiner Tasche. Sogar mehr als das – ein Körperteil!

Gestern habe ich begriffen, wozu ich lebe.

Ich lebe, um alles, alles zu empfinden, alles, was nur möglich ist! Die Zähne von irgendwem in der Tasche, das ist doch grandios, oder nicht? Aber erst kam die Angst, Angst, dass sie herkommen, dass sie sie finden oder dass Nina Petrowna aufwacht und sie entdeckt. Bis zum Morgen hab ich gebibbert – so gebibbert hab ich noch nie. Ich hab geträumt, dass die Sonne von der Erde geboren wird, dass sie mit dem Kopf voran aus ihrem schwarzen Schoß kriecht und statt der Morgenröte Blut hervorströmt. Ich fuhr hoch – ich glaube, es war weniger als eine Stunde vergangen. Und passenderweise war gerade ganz harmlos die Morgenröte angebrochen. Meine Trophäe lag unter dem Kopfkissen – wie ich es geschafft habe, mich nicht zu übergeben, weiß ich nicht. Wie auch immer, ich stieg in meine Shorts, steckte das Ding in die Gesäßtasche und ging zur Lagune.

Sie war da ganz in der Nähe, gleich hinter der Straße. Überall zugewachsene Teiche und Zikaden. Und die steppten wie Omas «Singer», während ich daherging, und nähten sich selbst, diesen Morgen, mich und meine Ängste an die Erde – als würde sich ohne sie alles in Luft auflösen. Und so würde es dableiben! Nicht das Zitat ist eine Zikade, was natürlich hübsch, aber zu buchsprachlich wäre, sondern die Zikade ist ein Zitat. Verstehst du?

Wie auch immer, ich suchte mir ein moddriges Seechen aus und faltete das Taschentuch auf. Einen Stein hatte ich schon unterwegs besorgt. Legte ihn zu den Zähnen, schnürte das Ganze überkreuz zu – und ins Wasser damit.

«Я с те́ми, кто вы́шел стро́ить и *местъ!..*»

(Ты по́мнишь, как меня́ чуть из шко́лы не вы́гнали, когда́ я к его́ гражда́нственной ли́рике эпи́графом взяла́: «...и месть в сплошно́й лихора́дке бу́ден»? Ты ещё вме́сто ма́мы в шко́лу ходи́ла... Ничего́, я пото́м оттяну́лась в по́лный рост в родно́й стенгазе́те: «Как сказа́л, по́мнится, пии́т, да́же к фи́нским ска́лам бу́рым обраща́юсь с ка́лом бу́рым».

И э́того не вы́несла да́же лоя́льная Шур-Шу́ра: «У Поэ́та ска́зано «с каламбу́ром!» – «Алекса́ндра Алекса́ндровна, так и я ведь с каламбу́ром!» – «Ты с... – да́же повтори́ть проти́вно!» – «Вы же нас са́ми учи́ли сле́довать не бу́кве, а ду́ху!» – «Но ду́х-то у тебя́ како́й, нос заткну́ть хо́чется!»

Зато́ однокла́ссники меня́ вдруг полюби́ли – неде́ли на полторы́, а то и на це́лых две. Ну что тебе́ Пал Скорпио́ныч! А ещё я звала́ его́ Па́лом Сека́мычем, и, предста́вь, отклика́лся!)

Ну и вот. Я верну́лась с лима́на и реши́ла уе́хать, поброса́ла вещи́чки в рюкза́к и – на пе́рвый авто́бус. Мне каза́лось, что так бу́дет лу́чше – бу́дет ле́гче. Я да́же биле́т умудри́лась прода́ть – пря́мо с рук. И уже́ вста́ла в о́чередь – бронь обеща́ли на проходя́щий. А пото́м я поду́мала: це́лая жизнь впереди́, и всю э́ту огро́мную, дли́нную жизнь мне придётся гада́ть – обо всём, – а не то́лько, чьи и́менно зу́бы. Впро́чем, э́то мне вдруг показа́лось важне́е всего́.

Я пойма́ла попу́тку, что́бы к за́втраку быть за столо́м...

Зна́ешь, да́льше – не так интере́сно.

Е́сли о́трочество – средневеко́вье, зна́чит,

«Mit denen bin ich, die wacker bauen und *rechen*!»

(Weißt du noch, wie ich beinahe von der Schule geflogen bin, als ich Majakowskijs staatstragender Lyrik das Motto voranstellte: «... und zu rächen im allumfassenden Fieber des Alltags»? Du bist noch statt Mama in die Schule gegangen ... Egal, danach hab ich mir an unserer guten, alten Wandzeitung einen richtigen Spaß gegönnt: «Wie sagte noch, wir wissen's, der Poet: Selbst an der finnisch' Felsen wackrer Mauer, sitze ich schlicht nur auf fäkaler Lauer.»

Das hat nicht mal die loyale Alex-Alexa ausgehalten: «Beim Dichter steht: mit einem Kalauer!» «Alexandra Alexandrowna, einen Kalauer hab ich ja auch gemacht!» «Du hast ... es auch nur zu wiederholen ist widerlich!» «Sie haben uns doch selber beigebracht, nicht dem Buchstaben, sondern dem Geist zu folgen.» «Der Geist ist bei dir so, dass man sich die Nase zuhalten möchte!»

Dafür haben mich meine Mitschüler plötzlich gemocht, anderthalb Wochen oder sogar ganze zwei. Kein Vergleich mit Pal Skorpionytsch! Und dann habe ich ihn noch Pal Secamytsch genannt, und stell dir vor, er hat reagiert!)

Also. Ich kam von der Lagune zurück und beschloss abzureisen, warf mein Zeug in den Rucksack und nahm den nächsten Bus. Mir kam's vor, als wäre es so besser, leichter. Ich brachte es sogar fertig, meine Fahrkarte weiterzuverkaufen. Und stand schon in der Schlange – es sollte für einen Zug, der hier durchkam, Platzkarten geben. Da dachte ich: Mein ganzes Leben liegt noch vor mir, und dieses ungeheure, ausgedehnte Leben lang muss ich über alles im ungewissen bleiben, nicht nur darüber, wem die Zähne nun gehören. Übrigens schien mir das plötzlich wichtiger als alles andere zu sein.

Ich hielt ein Auto an, um zum Frühstück an meinem Platz zu sein.

Weiter ist es nicht so interessant, weißt du.

Wenn die Pubertät dem Mittelalter entspricht, dann die

юность – по ло́гике, Ренесса́нс, ну, а мо́лодость, сколь баро́чна, столь и поро́чна? Ты одна́жды сказа́ла, что о́трочество неизбы́вно во мне, что есть ве́чные о́троки, да́же в ста́рости их глаза́ пожига́ют, как у́гли, потому́ что не смо́трят в себя́... Я баро́чна, Татья́на! Отны́не – баро́чна, невзира́я на худосо́чность. Весь деко́р мой, вся пы́шность – внутри́. Я не бу́ду пить дро́жжи – из при́нципа: я не те́ло, а те́ло – не я. Я прочла́ у Ломбро́зо, как оди́н сумасше́дший приходи́л на моги́лу, кото́рую он счита́л свое́й, как он ви́дел сквозь зе́млю разложе́ние измота́вшего ду́шу, ненави́стного те́ла и как он ликова́л. Он счита́л себя́ при́зраком и всё вре́мя ходи́л просветлённый.

Э́то – всё-таки вы́ход. А, возмо́жно, что да́же и вход.

Не пуга́йся. Уж мне́-то он то́чно зака́зан. Е́сли я не рехну́лась, когда Пал Серге́ич сказа́л, что к нему́ заяви́лась жена́! Он подплы́л ко мне в мо́ре, потому́ что я к за́втраку всё-таки не поспе́ла, и сказа́л, что гото́в от стыда́ утону́ть, что Окса́на ревни́ва, как ты́сяча ма́вров, что упа́ла как снег, он не ждал, не гада́л. И вдруг с па́фосом: «Хо́чешь, мы за́втра уе́дем?» – «Ты и я?» – «Нет, ну что ты! Я и она́». – «Вы? С чего́ бы?!» – «мне сты́дно мозо́лить тебе́ глаза́.» – «Интере́сно! А ей что ты ска́жешь?» – «Ей? Приду́маю что́-нибудь. Ну, будь у́мницей!» – и нырну́л: был и не́ту. Я хоте́ла сказа́ть, что люблю́, что стерплю́, ещё кла́ссик сказа́л, что жена́ есть жена́, и пуска́й уж себе́ отдыха́ют, но он вы́нырнул так далеко́...

За обе́дом им по́дали тёртый суп и пюре́! Я специа́льно три ра́за ходи́ла – то за хле́бом, то

Adoleszenz logischerweise der Renaissance – und das frühe Erwachsenenalter ist ebenso barock wie frivol? Du hast mal gesagt, dass mir die Pubertät nicht auszutreiben ist, dass es ewig Pubertierende gibt, deren Augen noch im Alter glühen wie Kohlen, weil sie nicht nach innen schauen. Tatjana, ich bin barock! Von jetzt an bin ich barock, trotz meiner Magerkeit. Mein ganzes Dekor, meine ganze Fülle liegt innen. Ich werde keine Hefe einnehmen, und zwar aus Prinzip: Ich bin nicht mein Körper, und mein Körper ist nicht ich. Ich habe bei Lombroso gelesen, wie ein Verrückter an ein Grab kam, das er für sein eigenes hielt, und wie er durch die Erde hindurch die Zersetzung des verhassten Körpers sah, der seine Seele so getriezt hatte, und wie er triumphierte. Er hielt sich für einen Geist und lief seitdem verklärt umher.

Das ist immerhin ein Ausweg. Und vielleicht sogar ein Einstieg.

Krieg keinen Schreck. Mir ist der ganz sicher verwehrt. Wenn ich schon nicht durchgedreht bin, als Pal Sergeïtsch sagte, seine Frau wäre bei ihm aufgekreuzt! Er kam im Meer zu mir geschwommen, weil ich es zum Frühstück dann doch nicht geschafft hatte, und sagte, er sei bereit, sich vor Scham zu ertränken, Oxana sei eifersüchtig wie tausend Mauren, sie sei wie der Blitz aus heiterem Himmel erschienen und er hätte nichts gewusst und nichts geahnt. Und plötzlich pathetisch: «Willst du, dass wir morgen abreisen?» «Du und ich?» «Was fällt dir ein! Nein, ich und sie.» «Ihr? Wieso denn?» «Es ist mir peinlich, dir ein Dorn im Auge zu sein.» «Ach ja! Und was sagst du ihr?» «Ihr? Ich denk mir irgendwas aus. Nun sei vernünftig!» Und er tauchte ab und war weg. Ich wollte noch sagen, dass ich ihn liebe, dass ich alles ertrage, dass ein anderer Klassiker gesagt hat, Ehefrau ist Ehefrau, und sollen sie ruhig Urlaub machen, aber er war schon zu tief abgetaucht ...

Zum Mittagessen bekamen sie passierte Suppe und Püree! Ich bin extra drei Mal an ihnen vorbeigegangen, hab

за вилкой и ло́жкой – ми́мо них. Пал Серге́ич грыз мя́со и – кровожа́дно. Суп с пюре́ е́ла бе́лая же́нщина с о́чень кра́сным от со́лнца и, наве́рно, от зло́сти лицо́м. У неё бы́ли кре́пкие но́ги – я на пля́же пото́м рассмотре́ла, – могу́чие пле́чи и ни́зко поса́женный зад. Говоря́т, что изъя́ны волну́ют мужчи́н – наприме́р, асимме́трия, да? Э́то пра́вда? У неё я́годица одна́ как-то бо́льше друго́й. . . Ну и че́люсть, как ты понима́ешь.

В монасты́рь мне нельзя́, потому́ что и там ча́ют в те́ле воскре́снуть – по-мо́ему, стра́шная по́шлость!

«Си́них вод окоём
Всё темне́й и тесне́й
Заперши́сь с ней вдвоём,
Что ты *те́лаешь* с ней?»

– то́же по́шлость, коне́чно, но всё же прости́тельная. Я же не зна́ла, что, заперши́сь, они́ чемода́ны паку́ют. Я торча́ла на пля́же – ко́лом, шпингале́том. Я изъе́ла их жёлтую што́ру, как моль ки́тель де́душкин – он в рука́х располза́лся, и от э́того бы́ло гадли́во и стра́шно. Я тогда́ разреве́лась, а ма́ма сказа́ла, что таки́х психопа́ток, как я, не беру́т в октября́та. И ты согласи́лась. Ты всегда́ соглаша́лась, потому́ и ходи́ла в люби́мых. В них и хо́дишь. «Вот Та́нечка – на́шей поро́ды, а ты! У свекро́вки был пра́дед, она́ говори́ла, родну́ю сестру́ запоро́л – их отро́дье!»

А сестру́ запоро́л, потому́ что за дру́га отда́л, а она́ оказа́лась гуля́щей. Генети́чески я, вероя́тней всего́, пря́мо к ней восхожу́.

И – она́ поняла́ бы меня́, как никто́?

Brot geholt, eine Gabel, einen Löffel. Pal Sergeïtsch kaute Fleisch, und zwar blutrünstig. Suppe und Püree aß eine blonde Frau mit einem von der Sonne und wohl auch vor Bosheit geröteten Gesicht. Sie hatte kräftige Beine – ich hab sie mir nachher am Strand beguckt –, mächtige Schultern und einen tiefliegenden Hintern. Man sagt doch, dass Männer von Makeln erregt werden, zum Beispiel von Asymmetrien, ja? Ist das wahr? Eine Gesäßhälfte war bei ihr irgendwie größer als die andere ... Na, und dann das Gebiss, wie du weißt.

Ins Kloster kann ich nicht, weil man auch dort der Auferstehung des Leibes entgegensieht. Meiner Meinung nach eine grässliche Abgeschmacktheit!

Die Kimm der Wasser blau
Dunkelt und drängt allhier.
Zu zweit mit ihr im Bau –
Was *lust* du denn mit ihr?

Das ist natürlich auch abgeschmackt, aber entschuldbar. Ich wusste ja nicht, dass sie die Koffer packten in ihrem Bau. Ich stak am Strand wie ein Pfahl oder eine Spindel. Mein Blick zerfraß ihre gelbe Gardine wie die Motten Großvaters Uniformjacke – sie zerfiel einem unter den Händen, und das war ekelhaft und schrecklich. Ich fing damals an zu heulen, und Mama sagte, Geistesgestörte wie ich würden bei den Oktoberkindern nicht aufgenommen. Und du hast zugestimmt. Du hast immer zugestimmt, und deshalb warst du auch der Liebling. Und bist es immer noch. «Tanjalein, die ist eine von uns, aber du! Meine Schwiegermutter hat erzählt, dass ein Urgroßvater von ihr seine eigene Schwester totgeprügelt hat – das ist deine Sippschaft!»

Die Schwester hat er totgeprügelt, weil er sie seinem Freund zur Frau gab und sie sich als Flittchen erwies. Genetisch stamme ich wahrscheinlich direkt von ihr ab.

Ob sie mich wohl als einzige verstanden hätte?

Ты же то́лько прикле́ишь ярлы́к. Я созре́ла, я давно́ перезре́ла уже́ – вот чего́ ты не хо́чешь призна́ть. Ну так слу́шай!

Я оста́лась на ли́шние су́тки, потому́ что биле́т продала́, а когда́ попыта́лась купи́ть, удало́сь то́лько э́тот – в прохо́де и при туале́те. Потому́ и не сплю, вонь така́я – не мо́рщься, пожа́луйста. Я духа́ми под но́сом нама́зала и лежу́ – ничего́. Я оста́лась на ли́шние су́тки, и я ду́мала, Па́вел Серге́евич – Запоро́жье ведь ря́дом – прие́дет. Поболта́ть, попроща́ться, а́дрес дать и́ли мой взять хотя́ бы. Жизнь ведь – э́то ужа́сно до́лго. И нельзя́ же на всю э́ту ве́чность!..

Пересме́нка похо́жа на зи́му: пляж пусто́й, лежаки́ – под замко́м. К доверше́нию схо́дства ещё с но́чи заряди́л ме́лкий дождь. Он уби́л все следы́. Я сиде́ла на ла́вке и смотре́ла на шторм, станови́сь постепе́нно сама́ э́тим гро́хотом, э́тим во́ем. Я крича́ла, не слы́ша себя́. Чтоб расслы́шать, заткну́ла па́льцами у́ши, а когда́ огляну́лась, то уви́дела недоме́рка-качка́. Он смотре́л на меня́, как бура́вил. А пото́м закрича́л, то есть рот разодра́л и задёргал плечами. Я спроси́ла: «Дура́к и́ли в де́тстве уши́бли?» Слов он слы́шать не мог, но кады́к – он торча́л у него́ до того́ непристо́йно! – вдруг полёз вниз и вверх, вниз и вверх. Я сиде́ла в плаще́, он стоя́л в кра́сных пла́вках – по всему́ бы́ло ви́дно, что то́лько зае́хал и от ра́дости оборзе́л. И помча́лся к воде́, и запры́гал на волноре́зе, а пото́м его́ смы́ло, наве́рно. Я смотре́ла на ча́ек, как они́ голова́ми мота́ют, из песка́ вынима́я объе́дки. А когда́ оберну́-

Du stempelst ja bloß ab. Ich bin reif, ich bin schon lange überreif, und das willst du nicht einsehen. Jetzt hör mal zu!

Ich blieb einen Tag länger, weil ich meine Fahrkarte verkauft hatte. Als ich eine neue kaufen wollte, kriegte ich nur diese hier, im Gang neben der Toilette. Deshalb kann ich auch nicht schlafen, es stinkt so – verzieh bitte nicht das Gesicht. Ich lieg da und hab mir Parfüm unter die Nase geschmiert, und es geht. Ich bin einen Tag länger geblieben und hab gedacht – Saporoshje ist ja nicht weit –, dass Pawel Sergejewitsch herkommt. Um zu plaudern, sich zu verabschieden, mir seine Adresse zu geben oder wenigstens meine zu nehmen. Immerhin ist das Leben furchtbar lang. Das kann man doch nicht machen, für diese ganze Ewigkeit …

Der Schichtwechsel der Kurgäste ähnelt dem Winter: der Strand leer, die Liegen weggesperrt. Um die Ähnlichkeit komplett zu machen, hatte bereits nachts ein steter Nieselregen eingesetzt. Er löschte alle Spuren aus. Ich saß auf der Bank, schaute mir den Sturm an und wurde allmählich selbst zu Gedröhn und Geheul. Ich schrie, ohne mich zu hören. Um doch etwas zu hören, stopfte ich mir die Finger in die Ohren, und als ich mich umguckte, sah ich dieses kurzgeratene Muskelpaket. Er starrte mich an, als wollte er mich durchbohren. Und schrie dann etwas, das heißt, er riss den Mund auf und zuckte mit den Schultern. Ich fragte: « Blöd geboren oder als Kind vermurkst? » Das konnte er nicht verstanden haben, aber sein Adamsapfel – der geradezu unanständig vorragte – rutschte plötzlich hoch und runter, hoch und runter. Ich saß da im Mantel, er stand da in roter Badehose, und es war offensichtlich, dass er gerade erst angekommen und vor Freude ganz aus dem Häuschen war. Er stürmte zum Wasser, sprang auf den Wellenbrecher, und dann hat's ihn wohl weggespült. Ich hatte den Möwen zugeschaut, wie sie den Kopf schüttelten, wenn sie Essensreste aus dem Sand zupften. Als ich mich umdrehte,

лась, качка уже не было. Волнорез весь насквозь промывался водой, как слюной – костью в горле застряв. Я залезла на лавку, потом побежала к воде. На солярии – я помчалась потом на солярий – я увидела пошлого вида блондинку с Бертой Марковной, которая перепутала день и тоже на лишние сутки застряла.

– Лучше б я его сразу придушила ногами! – кричала блондинка.

– Как идёт! Аполлон! – ликовала старушка.

Я прижалась к перилам: недомерок был жив и здоров. Он шагал по соседнему пляжу и махал нам рукой. Или мне?

– Ты приди! Ты дойди! – бесновалась блондинка. – Урод! Недоёбыш!

Разбежавшись, он подвесил себя на турник и качал свой мускулы до совершённого изнеможения. А потом по-кошачьи упал, точно умер, точно мне говорил: испугалась? решила, что завтра я буду вот так – на песке, весь разбухший?..

До отъезда ещё было целых полдня и вся ночь, и кровать без постели – бельё унесли, спи как хочешь. Туалет под амбарным замком – и мочись куда хочешь, хоть в этот вонючий матрас – он привычный. В общем, я попросилась пописать к блондинке. Я по розовым брюкам её поняла и по кольцам, нанизанным пирамидкой, что мадам занимает как минимум полулюкс.

Люкс! Единственный на этаже! С душем, ковриком и туалетной бумагой! Я размякла. А тут ещё куры, пускай на газетке засаленной, но зато ведь с кагором. Я случайных людей не люблю, но есть типы, которые больше, чем

war das Muskelpaket nicht mehr da. Das Wasser hatte den Wellenbrecher in seiner ganzen Länge umflossen wie Spukke einen Knochen, der im Hals steckengeblieben ist. Ich sprang auf die Bank, dann rannte ich zum Wasser. Auf der Sonnenterrasse – ich war danach zur Sonnenterrasse gerast – sichtete ich eine ordinär wirkende Blondine und Berta Markowna, die sich mit dem Datum vertan hatte und deshalb auch einen Tag länger hier festsaß.

«Besser hätt ich ihn gleich mit den Beinen erdrückt!» schrie die Blondine.

«Dieser Gang! Ein wahrer Apoll!» jubelte die Alte.

Ich presste mich ans Geländer: Der Kurzgeratene war heil und ganz. Er schritt über den benachbarten Strand und winkte uns zu. Oder mir?

«Komm her! Komm endlich!» tobte die Blondine. «Du Monster! Du Missgeburt!»

Mit einem Anlauf sprang er ans Reck und trainierte seine Muskeln bis zur völligen Erschöpfung. Und dann ließ er sich wie eine Katze fallen, als sei er tot, als wollte er mir sagen: Hast dich erschreckt? Hast geglaubt, morgen lieg ich immer noch hier, aufgequollen im Sand?

Bis zur Abfahrt war es noch ein halber Tag und eine ganze Nacht auf einem abgezogenen Bett – das Bettzeug war weg, schlaf, wie du magst. An der Toilette ein Vorhängeschloss – pinkeln kannst du auch, wohin du magst, und sei's auf die stinkende Matratze, sie ist es gewöhnt. Also ging ich die Blondine fragen, ob ich bei ihr pinkeln kann. Aus der rosa Hose und den pyramidenartig aufgesteckten Ringen schloss ich, dass Madame mindestens «Halbluxus» bewohnte.

«Luxus»! Das einzige auf dem Stockwerk! Mit Dusche, Vorleger und Toilettenpapier! Ich war platt. Und dann noch Brathähnchen, zwar auf einer fettigen Zeitung, aber dafür mit Dessertwein. Ich mag keine Zufallsbekanntschaften, aber es gibt Typen, die nicht bloß Menschen sind, sondern

люди, которые именно типы, в которых всё так густопсово! И тогда я смотрю их, как фильм, – понимаешь, не соприкасаясь.

– Ешь давай, прямо больно глядеть! Слышь, подруга, ты дрожжи не пробовала? Жалко, ты не в Черкассах живёшь, я б тебе с пивзавода устроила. Что молчишь, мне и так слова не с кем сказать! Ну? И груди сейчас, говорят, набавляют. А на танцах здесь контингент или так – как в глубоком тылу? Педерастов, ой, как же боюсь, говорят, их теперь развелось, спидоносцы, заразы. Я такая брезгунья! Ты будешь мне есть? Я же с парнем приехала – бойся теперь за двоих! И Чернобыль сюда ведь стекает – да, время пришло? И не знаешь, какая холера страшнее!

Я уже захмелела, когда он вошёл в этих красных дурацких трусах, и мне стало смешно – поначалу ни от чего, а потом оттого, как Алёна кричит: «Нервомот! Сатана! – по слогам и от деланной ярости косорото. – Я приехала нервы сюда успокоить. Что ты морду воротишь?» – И вдруг подбежала и стала хлестать его по щекам, по спине. Что меня поразило – что он даже не пикнул, просто впился в её запястья, усадил на диван, чмокнул в щёчку, в другую, взял рубаху и джинсы и отправился в спальню. А потом, когда вышел одетым – я уже не смеялась, конечно, но он помнил мой смех – и кадык у него, будто это был нож, чуть его не вспорол изнутри. Я решила налить и ему, оглянулась, а его след простыл. Я – за ним, в коридор, со стаканом в руке. Тут смотрю – Берта Марковна.

eben Typen – eingefleischt in jeder Hinsicht! Und die guck ich mir an wie einen Film, verstehst du, ohne mit ihnen in Berührung zu kommen.

«Los, iss, du trauriger Anblick! Hör mal, Schätzchen, hast du's noch nicht mit Hefe probiert? Schade, dass du nicht in Tscherkassy wohnst, ich würd dir welche aus der Brauerei organisieren. Was sagst du denn nichts, ich hab auch so keinen zum Reden! Na? Die Brust vergrößern sie jetzt auch, hab ich gehört. Gibt's hier beim Tanzen Nachschub, oder sind wir zu weit ab vom Schuss? Die Homos, ach, vor denen hab ich richtig Angst, und die sollen sich jetzt auch noch vermehrt haben, diese Aidsträger, diese Pest. Ich bin ja so heikel! Wirst du mir wohl essen! Wo ich mit dem Jungen hergefahren bin, muss ich mir um zweie Sorgen machen! Und Tschernobyl kommt ja auch hier runter – was für Zeiten! Da weiß man nicht mehr, welche Plage schlimmer ist!»

Ich war schon angesäuselt, als er in dieser dämlichen roten Badehose reinkam, und ich musste lachen, erst über nichts und dann darüber, wie Aljona schrie: «Nervensäge! Satansbalg!», die Silben hämmernd und den Mund verzogen in gespielter Wut. «Um meine Nerven zu beruhigen bin ich hergekommen. Was guckst du weg?» Und plötzlich lief sie zu ihm hin und schlug auf ihn ein, auf die Wangen, auf den Rücken. Ich war ganz baff, dass er keinen Ton von sich gab, er schnappte sich bloß ihre Handgelenke, setzte sie aufs Sofa, gab ihr einen Schmatz auf die eine, dann auf die andere Wange, nahm Hemd und Jeans und ging ins Schlafzimmer. Als er etwas später angezogen wiederkam, lachte ich natürlich nicht mehr, aber er hatte sich mein Lachen gemerkt, und sein Adamsapfel hätte ihn, als wär's ein Messer, fast von innen aufgeschlitzt. Ich beschloss, ihm auch ein Glas einzugießen, schaute mich um, aber er war spurlos verschwunden. Ich ihm nach, in den Flur, mit dem Glas in der Hand. Wen sehe ich – Berta Markowna.

– На огонёк? – говорю.

– Ой, нет, деточка, на унитаз! – и по выходе: – Это счастье моё, что вы здесь, что вы есть. Дай, Алёна, вам Бог человека хорошего встретить!

А затем был девичник. Берта Марковна жаловалась на боли в суставах, ишемическую болезнь и на камень, по-моему, в почке. Она тоже устала быть телом. Впрочем, нет. Это тело устало быть ею. Тело ей диктовало, что ощущать и чем жить в каждый миг. Понимаешь, в чём разница? Тело было огромней её, и она уже не пыталась себя отыскать в его дряблых, растёкшихся закоулках. Я же тем и жива, что я – не оно.

(Ты мне скажешь, конечно, что это – период или трудности роста. Нет! Душа не растёт. Я скажу тебе больше: начиная с рождения, душа день за днём отлипает от тела. Отделяется, да! Неужели неясно, что смерть – только энный шажок на этом пути?)

Дамы бурно общались, не слыша друг друга. Я смотрела в окошко на скудный наш парк о трёх клумбах, двух вётлах и четырёх тополях, похожих на кипарисы. Я ждала Пал Сергеича. И чем ближе был вечер, тем безобразней ждала. А потом я нашла в рюкзаке – мне Алёна велела найти анальгин – тоже, можно сказать, обезболивающее средство. Я тетрадку нашла. Он в ней делал тригонометрию, а с другой стороны рисовал. Например: райский сад, древо, змий, очень толстая и весьма откровенная Ева, очень плотный, с крупным членом Адам, – нагота не постыдна, он фиговыми листьями им прикрыл только рты. Им

«Auf einen Sprung?» fragte ich.

«Oh nein, Kindchen, auf die Toilette!», und als sie rauskam: «Was für ein Glück für mich, dass Sie hier sind, dass es Sie gibt. Gebe Gott, dass Sie einen guten Mann kennenlernen, Aljona!»

Was folgte, war ein Frauenkränzchen. Berta Markowna klagte über Gelenkschmerzen, Blutstauungen und einen Stein, ich glaube in der Niere. Auch sie war es müde, Körper zu sein. Stop, nein. Der Körper war es müde, sie zu sein. Der Körper diktierte ihr, was sie spüren und wie sie leben sollte, jeden Moment. Verstehst du den Unterschied? Der Körper war ausgedehnter als sie, und sie versuchte schon gar nicht mehr, sich in seinen schlaffen, schwammigen Winkeln ausfindig zu machen. Ich leb ja auch nur, weil ich nicht er bin.

(Du wirst mir natürlich sagen, dass das die Wachstumsphase oder eine ihrer Komplikationen ist. Nein! Die Seele wächst nicht. Ich sag dir noch mehr: Vom Tag der Geburt an löst sich die Seele immer mehr vom Körper. Sie trennt sich ab, jawohl! Es liegt doch auf der Hand, dass der Tod nur ein kleiner Schritt auf diesem Wege ist ...)

Die Damen unterhielten sich stürmisch, ohne einander zuzuhören. Ich betrachtete durchs Fenster unseren kümmerlichen Park: drei Beete, zwei Weiden und vier Pappeln, die wie Zypressen aussahen. Ich wartete auf Pal Sergeïtsch. Je naher der Abend kam, desto scheußlicher wurde das Warten. Aber dann fand ich im Rucksack – Aljona hatte mich gebeten, nach Aspirin zu gucken – auch eine Art Schmerzmittel für mich. Ich fand ein Heft. Er machte darin seine Trigonometrieaufgaben, und auf den Rückseiten waren Zeichnungen. Zum Beispiel ein Garten Eden: der Baum der Erkenntnis, die Schlange, eine sehr dicke und äußerst freizügige Eva und ein sehr stämmiger Adam mit großem Penis – nicht die Nacktheit war anstößig, er hatte nur ihre Münder mit einem Feigenblatt verdeckt. Ihre und den

и зми́ю, ты понима́ешь? И ещё был рису́нок: пу́тник, по́сох, дыря́вая ря́са до пят, ро́вный нос, а под ним – тре́тий глаз – не во лбу, не на те́мени, а – вме́сто рта. И внизу́ бы́ла на́дпись «Андре́й Рублёв».

Тут каго́р ни при чём, застуча́ло в виска́х оттого́, что како́й-то там шкет бо́лен тем же, чем я. Нет, не бо́лен и да́же не му́чим – одержи́м – и при э́том споко́ен, потому́ что он зна́ет тако́е!.. Я реши́ла его́ отыска́ть и спроси́ть. Но пока́ я слоня́лась по хо́ллам, по окре́стным куста́м и по пля́жам, прилега́ющим к на́шему, я сама́ поняла́, что он хо́чет сказа́ть.

Вы́ла ко́шка, сзыва́я кото́в, и валя́лась в песке́, и лиза́ла про-не́жность – э́то Па́вел Серге́ич приду́мал тако́й каламбу́р, мне он ди́ко понра́вился... Да. А тепе́рь сло́во не́жность до ста́рости бу́дет озно́б вызыва́ть! Потому́ что слова́ и тела́, как котле́ты и му́хи, должны́ быть отде́льно.

Я нашла́ его́ у магази́на. Он зуба́ми отрыва́л колбасу́ от бато́на для себя́ и для ста́и бездо́мных соба́к. Среди́ них он был всех голодне́й и, по-мо́ему, да́же урча́л. Соба́ки же рва́ли куски́ друг у дру́га. Са́мых на́глых он для остра́стки пина́л, и они́, поджима́я хвосты́, ненадо́лго смиря́лись. Мне опя́ть захоте́лось спроси́ть, так ли я поняла́ два рису́нка, кото́рые бо́льше всего́ меня́ порази́ли, но когда́ я реши́лась и подошла́, он вдруг стал – вот чего́ я ника́к не ждала́ – изуча́ть мои́ но́ги и бёдра, не прекраща́я жева́ть колбасу́. А пото́м вдруг заша́рил глаза́ми под ко́фтой, бу́дто что́-то иска́л там, да не мог отыска́ть. Э́то был я́вный вы́зов, я́вный, Та́ня, насто́лько, что я да́же хоте́ла сказа́ть:

der Schlange, verstehst du? Dann war da noch eine Zeichnung: ein Pilger mit Wanderstab, zerlumpter bodenlanger Kutte, gerader Nase und einem dritten Auge darunter, nicht auf der Stirn oder am Haaransatz, sondern anstelle des Mundes. Und unter dem Bild stand «Andrej Rubljow».

Der Wein hatte nichts damit zu tun, es pochte in meinen Schläfen, weil irgend so ein Pimpf an derselben Sache laborierte wie ich. Nein, nicht laborierte und nicht mal litt – davon besessen war er, und dabei gelassen, weil er so was wusste! Ich beschloss, ihn zu suchen und zu fragen. Doch während ich mich in den Aufenthaltsräumen, in den umliegenden Büschen und auf den Nachbarstränden rumtrieb, kapierte ich selbst, was er sagen wollte.

Es maunzte eine Katze, rief die Kater herbei, wälzte sich im Sand und leckte ihre Charmegegend – den Kalauer hat sich Pawel Sergeïtsch ausgedacht, mir gefällt er rasend gut ... Jawohl. Und jetzt wird das Wort Charme bei mir bis ins hohe Alter einen Schauder auslösen! Weil Worte und Körper getrennt sein sollten wie Frikadellen und Fliegen.

Ich fand ihn am Geschäft. Er riss mit den Zähnen Stücke von der Wurst ab, für sich und ein Rudel Straßenköter. Von allen war er der hungrigste, ich glaube, er knurrte sogar. Die Hunde wiederum schnappten sich gegenseitig die Stücke weg. Den frechsten verpasste er zur Abschreckung einen Tritt, und sie zogen den Schwanz ein und gaben für kurze Zeit Ruhe. Ich bekam wieder Lust ihn zu fragen, ob ich die beiden Zeichnungen, die mich am meisten beeindruckt hatten, richtig verstand, aber als ich mich entschlossen hatte und näher kam, fing er plötzlich an – was ich nun wirklich nicht erwartet hatte –, meine Beine und Hüften zu taxieren, ohne mit dem Wurstkauen aufzuhören. Und dann stöberten seine Augen plötzlich unter meiner Strickjacke rum, als würde er da was suchen und könnte es nicht finden. Das war eine unverkennbare Herausforderung, Tanja, so unverkennbar, dass ich schon

«Родничо́к ещё не зажи́л, а туда́ же?!» Но в глаза́-то он мне не смотре́л. И, наве́рно, весь вы́зов был и́менно в э́том. В о́бщем, я разверну́лась и пошла́ себе́ вдаль. И спала́ до зака́та на махро́вом хала́те. Натяну́ла его́ на воню́чий матра́с и спала́. И с восто́ргом бы проспала́ до утра́! Я и вста́ла за тем то́лько, что́бы спроси́ть у Алёны снотво́рного. Но она́ заперла́сь в своём ду́ше и реве́ла сире́ной – предста́вь, на англи́йский мане́р и, по-мо́ему, да́же из «Битлз».

А пото́м я поду́мала, что после́дний зака́т есть после́дний зака́т. Пусть без со́лнца, пусть ла́вой в разло́мах туч.

Шторм стиха́л. Мо́ре пя́тилось, как осьмино́г, исчеза́ющий в вы́хлопах си́зых чёрнил. Среди́ во́роха до́хлых меду́з я иска́ла хотя́ бы усло́вно живы́х и швыря́ла их в во́ду. До разъе́зда э́то де́лали де́ти и – с восто́ргом. Мне же бы́ло гадли́во, а в потёмках и стра́шно наступи́ть и упа́сть в э́то жа́лящее желе́. Страх, наве́рное, возбужда́ет? Пото́му что, найдя́ на песке́ оде́жду – чьи́-то джи́нсы и ма́йку, всю в по́тных разво́дах, – я по за́паху угада́ла... Ма́йка па́хла полы́нью и псом. Мне понра́вилось, зна́ешь? Алёна сказа́ла: то́лько же́нщину- рафинэ́ возбужда́ет оди́н арома́т – без всего́. Как ты ду́маешь, э́то пра́вда? И ещё я хоте́ла спроси́ть... ну, нева́жно.

Он вы́шел из мо́ря и пошёл за одёжкой. И, коне́чно, опе́шил, уви́дев меня́. И на полпути́ за́мер. Я сказа́ла: «Ни сло́ва, ни полсло́ва! – и па́лец к губа́м поднесла́. – Э́то ты меня́ научи́л». И к его́ губа́м то́же прикосну́лась своим

sagen wollte: «So hoch hinaus, Milchbubi?» Aber in die Augen schaute er mir nicht. Und wahrscheinlich lag darin die ganze Herausforderung. Wie auch immer, ich drehte mich um und schritt von hinnen. Und schlief bis zum Sonnenuntergang auf meinem Bademantel. Hatte ihn auf der stinkenden Matratze ausgebreitet und war eingeschlafen. Und hätte mit Begeisterung bis zum Morgen geschlafen! Aufgestanden bin ich auch nur, um Aljona nach einem Schlafmittel zu fragen. Doch sie hatte sich in ihrer Dusche eingeschlossen und heulte wie eine Sirene, irgendwas Englisches, stell dir vor – ich glaube, es war sogar von den Beatles.

Dann dachte ich, der letzte Sonnenuntergang ist der letzte Sonnenuntergang, wenn auch ohne Sonne, wenn auch als Lava an den Bruchkanten der Wolken.

Der Sturm hatte sich gelegt. Der Meer zog sich zurück wie ein Krake, der in einem Ausstoß grauer Tinte verschwindet. In dem Haufen krepierter Quallen suchte ich nach halbwegs lebendigen und schmiss sie ins Wasser. Bis zur Abreise der Gäste hatten das die Kinder gemacht, und zwar mit Begeisterung, während ich mich ekelte und Angst hatte, im Düstern auf dieses ätzende Gelee zu treten oder zu fallen. Wahrscheinlich wirkt Angst erregend? Denn als ich im Sand die Kleidungsstücke fand – die Jeans und das T-Shirt voller Schweißränder –, erkannte ich sie am Geruch ... Das T-Shirt roch nach Beifuß und Köter. Das hat mir gefallen, weißt du? Aljona hat gesagt: Nur eine raffinierte Frau kann vom bloßen Duft erregt werden, ohne alles andere. Was meinst du, ist das wahr? Und dann wollte ich noch fragen ... egal, unwichtig.

Er kam aus dem Meer und ging zu seinen Kleidern. Und war natürlich wie vor den Kopf geschlagen, als er mich sah. Auf halbem Weg blieb er wie angewurzelt stehen. Ich sagte: «Kein Wort, kein Sterbenswörtchen!», und hob den Finger an die Lippen. «Das hast du mir beigebracht.» Und berühr-

указа́тельным па́льцем. Он от э́того вздро́гнул. А я ста́ла просо́ленной ма́йкой его́ растира́ть – пле́чи, грудь. Вдруг он ма́йку свою́ как рванёт. Отбежа́л и стои́т. Я опя́ть подошла́ и с себя́ водола́зку стяну́ла, говорю́: «Ты же мо́крый, замёрзнешь!» и сно́ва его́ натира́ть. Я оста́лась в одни́х то́лько джи́нсах. И вот э́то-то всё измени́ло. Он реши́л, что тепе́рь ему́ мо́жно – сра́зу всё! Я, как ду́ра, подста́вила гу́бы, я ждала́ поцелу́я. А бедро́м, как учи́л Пал Серге́ич... Потому́ что я зна́ю, что у норма́льных люде́й э́то ведь постепе́нно быва́ет. Ну а э́тот, как чемода́н с ве́рхней по́лки, ру́хнул – я́-то ду́мала, мы добредём до бесе́дки. Хорошо́, хоть стемне́ло насто́лько – ну почти́ что ни зги. Брюки рвёт, пла́вки рвёт. Я кричу́ ему́: «Бо́льно! Мне же бо́льно, крети́н!» – нет, воткну́л его́ всё-таки, взви́згнул, дёрнулся и зати́х. Я от зло́сти его́ укуси́ла в плечо́ – мне каза́лось, что чуть не до кро́ви. А ему́ э́то был комари́ный уку́с. И он то́же меня́ стал куса́ть, идио́т. Ну поку́сывать – насмотре́лся порну́хи! Да́льше – бо́льше. Вдруг слы́шу – гита́ра, ржа́чка рыл в пятна́дцать – коро́че, конто́ра идёт. В ва́ше вре́мя, по-мо́ему, э́то *шо́блой* именова́лось. Представля́ешь? Я водола́зку нашла́, а где джи́нсы, не зна́ю. До сих пор как предста́влю, что бы́ть-то могло́...

Хорошо́ тебе́, Та́нечка, с восемна́дцати лет за единственным му́жем целому́дренной быть! Он тебе́ изменя́ет, а ты ему нет, потому́ что «у них, мужико́в, это всё по-друго́му, ты, Юльчо́нок, чуть-чуть подрасти́, а пото́м уж суди́ и ряди́!» Ай, как скла́дно – по фо́рме, но не по су́ти! Ты, сестрёнка, из те́ла себе́ сотвори́ла куми́ра.

te auch seine Lippen mit dem Zeigefinger. Er zuckte zusammen. Und ich fing an, ihn mit dem salzigen T-Shirt abzureiben, die Schultern, die Brust. Plötzlich riss er mir das T-Shirt weg, lief ein paar Schritte und blieb stehen. Ich ging ihm nach, zog meinen Rolli aus und sagte: « Du bist doch nass, gleich wird dir kalt! », und rieb ihn wieder ab. Ich hatte bloß noch meine Jeans an. Und das hat es entschieden. Er glaubte, jetzt dürfte er sofort alles. Ich hielt ihm wie ein Trottel die Lippen hin, weil ich einen Kuss erwartete. Und bewegte die Hüfte, wie Pal Sergeïtsch es mir beigebracht hat ... Denn ich weiß, dass das bei normalen Menschen so allmählich vor sich geht. Aber der, der krachte zu Boden wie ein Koffer vom obersten Schlafwagenbett – dabei hatte ich gedacht, wir würden zur Laube rübergehen. Bloß gut, dass es schon so dunkel war, fast zappenduster. Er riss mir die Hose runter, er riss mir die Bikinihose runter. Ich schrie ihn an: « Au! Du tust mir weh, du Kretin! » Aber nein, er steckte ihn trotzdem rein, winselte, zuckte und wurde still. Vor Wut biss ich ihn in die Schulter, fast bis aufs Blut, glaube ich. Für den war das wie ein Mückenstich. Und der Idiot fing an, mich auch zu beißen. Na ja, an mir zu knabbern, er hat halt Pornos geguckt. Und das war noch nicht alles. Plötzlich hörte ich eine Gitarre, das Gegröle von bestimmt fünfzehn Mann, kurz, eine ganze Firma war im Anzug. Zu eurer Zeit nannte man das Korona, glaub ich. Kannst du dir das vorstellen? Den Rolli fand ich – wo die Jeans waren, keine Ahnung. Bis jetzt mal ich mir mit Schrecken aus, was alles hätte passieren können.

Du hast es gut, Tanjalein, seit du achtzehn bist, bist du keusch mit einem einzigen Ehemann! Er betrügt dich, du ihn nicht, weil « bei denen, den Männern, alles anders ist. Werd erst mal ein bisschen älter, Julchen, bevor du deinen Senf dazu gibst! » Ach, wie glatt – aber nur formal, nicht inhaltlich! Du hast dir aus dem Körper einen Götzen geschaffen, Schwesterchen. Dabei muss man ihn mit allen

А его надо всячески унижать, презирать, притеснять – правда, слабо похоже на средневековье? Впрочем, там его тоже теснили. Но теснили, стесняясь. А вот я от него отвалилась, отпала, мы с ним врозь – неужели неясно? Я всю жизнь была врозь с целым миром, а теперь буду врозь исключительно с ним. Если бы так! О, тогда бы всё-всё-всё, даже жертва, принесённая в виде зубов, – и она бы была ненапрасной.

Я посеяла зубы дракона – да? Ты это мне скажешь?

Я посеяла джинсы. А утром пошла и нашла – все в росе, так и сунула мокрыми в сумку.

Мы садились уже с Бертой Марковной в рафик, когда на балконе появилась Алёна, пеньюар нараспашку:

– Ё-моё! – и рот нараспашку, зевнула как спела: – А-а-а по рюмочке чая на дорожку? А-а поцеловаться?

Я рукой помахала и сразу в машину.

– Мы не можем, Алёнушка. Нас Володя, спасибо ему, довезёт непосредственно до вокзала. А вам я желаю хорошей погоды и хорошего общества. Вы меня поняли?

– Ах, Бертусик вы мой! Мне без вас будет грустно. – И опять: -А-а-а-а-а! – так, что мёртвый бы встрепенулся.

– Берта Марковна, – говорю, – ехать надо! Нам Володя любезность делает.

– Да, да, да, – и опять: – Алёнушка! Вы меня поняли?

В общем, мы до ворот не доехали – а ведь их открывать ещё надо, – выбегает из корпуса мой полуночный дружок. Босиком, в белых-белых атласных трусах – укороченных, знаешь, под

Mitteln erniedrigen, missachten und unterdrücken – das ähnelt dem Mittelalter nur von Ferne, was? Übrigens, damals haben sie ihn auch unterdrückt. Aber es war ihnen peinlich. Ich dagegen hab mich von ihm abgesetzt, bin abgefallen, wir sind jetzt getrennt – das ist doch wohl klar, oder? Mein Leben lang war ich von der ganzen Welt getrennt, jetzt werd ich ausschließlich von ihm getrennt sein. Wenn es nur so wäre! Ach, dann wäre alles, alles, alles, sogar das Opfer, dargebracht in Form eines Gebisses, nicht umsonst gewesen!

Drachenzähne hab ich gesät, ja? Sagst du mir das?

Jeans hab ich gesät. Morgens ging ich hin und fand sie, voller Tau, und packte sie, nass wie sie waren, in die Tasche.

Berta Markowna und ich stiegen gerade in den Kleinbus, als Aljona auf dem Balkon auftauchte, das Negligé weit offen.

« Ei-ei-ei! » Auch ihr Mund stand offen, und sie gähnte und sang dabei: « Aaaauf ein Tässchen Tee zum Abschied? Aaaauf ein Bussi? »

Ich winkte und verschwand sofort im Auto.

« Wir können nicht, Aljonachen. Wolodja, wir sind ihm ja so dankbar, bringt uns geradewegs zum Bahnhof. Ich wünsche Ihnen gutes Wetter und gute Gesellschaft. Haben Sie mich verstanden? »

« Ach, mein Bertalein! Es wird traurig sein ohne Sie. » Und wieder: « Aaaaaa! », dass es Tote hätte erwecken können.

« Berta Markowna », sagte ich. « Wir müssen fahren! Wolodja tut uns extra einen Gefallen. »

« Ja, ja, ja », und wieder: « Aljonachen! Haben Sie mich verstanden? »

Wie auch immer, wir waren noch nicht bis zum Tor gekommen – und das musste noch aufgemacht werden –, als aus dem Haus mein mitternächtlicher Freund gespurtet kam. Barfuß, in blendend weißen Satinshorts, gekürzt à la

пла́вки, не спорти́вных – отню́дь. Я с сиде́нья вниз уползла́, чтоб осо́бо в окне́ не мая́чить, и секу́нды счита́ю. Сла́ва Бо́гу, Воло́дя с воро́тами спра́вился бы́стро. Мы уже́ на доро́ге. Тут бы ско́рость приба́вить – нет, Воло́дя притормози́л:

– Паренёк э́тот с нами? – и в зе́ркальце смо́трит.

– У него́ моцио́н, – говорю. – Он спортсме́н. Ну, Воло́дя газу́ет, и в то же мгнове́ние – как он гло́тку-то не надорва́л – крик разда́лся – а верне́е, смесь кри́ка и ви́зга. Так павли́ны ору́т и, наве́рно, ещё павиа́ны. Ну, Воло́дя опя́ть тормози́т.

Я когда́ оберну́лась, он бежа́л от нас ме́трах, наве́рное, в десяти́. И оска́л был тако́й же, как крик, – соверше́нно звери́ный.

– Поезжа́йте, Воло́дя, э́тот ма́льчик глухонемо́й. И, мне ка́жется, чу́точку тро́нутый. – Бе́рта Ма́рковна вме́сто меня́ помаха́ла ему́ свое́й ку́цей ладо́шкой. – Я не зна́ю, где его́ бе́дная мать берёт си́лы!

– Вам Алёна сказа́ла?! – я заче́м-то опя́ть оберну́лась. Он споткну́лся, но не упа́л, а запры́гал на ле́вой ноге́ – мо́жет быть, наступи́л на стекло́ и́ли ка́мень... Я поду́мала: вы́йти и что́-то сказа́ть ему́ – что, да и как? И не он ли мне сам говори́л – я поду́мала и́менно так: *говорил* – про Ада́ма и Ёву? Мы приба́вили ско́рость, доро́га сверну́ла.

Я спроси́ла опя́ть: – Вам Алёна сказа́ла?

– Что немно́жечко тро́нутый? Нет! Ра́зве мать э́то ска́жет? Напро́тив. Она́ уверя́ла меня́, что он са́мый ра́звитый в э́том своём интерна́те. Но мой о́пытной глаз не обма́нешь!

У неё был како́й-то библе́йский педста́ж. И значо́к на жаке́те с одутлова́той физионо́мией Кру́пской.

Badehose, weißt du, aber kein bisschen sportiv. Ich rutschte vom Sitz, um mich möglichst wenig am Fenster zu zeigen, und zählte die Sekunden. Gott sei Dank wurde Wolodja schnell mit dem Tor fertig. Wir waren schon auf der Straße. Wenn wir jetzt beschleunigen – nein, Wolodja bremste.

«Fährt das Bürschchen mit?» Er sah in den Rückspiegel.

«Der macht einen Dauerlauf», sagte ich. «Er ist Sportler.» Also, Wolodja gab Gas, und in dem Moment – unbegreiflich, dass seine Kehle nicht zerriss – ertönte ein Schrei, besser gesagt, ein Mittelding zwischen Schreien und Kreischen. So rufen Pfaue, und Paviane vermutlich auch. Also, Wolodja bremste wieder.

Als ich mich umdrehte, rannte er vielleicht zehn Meter hinter uns. Und der aufgerissene Rachen war wie der Schrei, absolut tierisch.

«Fahren Sie zu, Wolodja, der Junge ist taubstumm. Und ein klein wenig gestört, wie mir scheint.» Berta Markowna winkte ihm statt meiner mit ihrem Patschhändchen. «Ich weiß nicht, woher seine arme Mutter die Kraft nimmt.»

«Wissen Sie das von Aljona?!» Aus irgendeinem Grund drehte ich mich nochmal um. Er stolperte, fiel aber nicht, sondern hüpfte auf dem linken Bein weiter – vielleicht war er in eine Scherbe getreten oder auf einen Stein ... Ich dachte, soll ich aussteigen und mit ihm reden – aber was, und wie? Hat er mir nicht selber das über Adam und Eva gesagt? (*Gesagt* – genau das hab ich gedacht.) Wir beschleunigten, und die Straße machte eine Biegung.

Ich fragte wieder: «Wissen Sie das von Aljona?»

«Dass er ein bisschen gestört ist? Nein! Als ob eine Mutter so etwas sagen würde! Im Gegenteil. Sie hat mir eingeredet, er wäre der Aufgeweckteste in seinem Internat da. Doch mein erfahrenes Auge lässt sich nicht täuschen!»

Sie war seit biblischen Zeiten als Lehrerin tätig. Und hatte einen Sticker mit Krupskajas feister Visage am Jackett.

Я опя́ть огляну́лась и, наве́рно, поэ́тому вспо́мнила при́тчу про челове́чка из со́ли. Как он в мо́ре реши́л искупа́ться. И вошёл в него́. И – о, у́жас! – у него́ раствори́лись но́жки, а пото́м раствори́лись ру́чки, и живо́тик, и спи́нка, и пле́чи… Наконе́ц от него́ ничего́-ничего́ не оста́лось, и тогда́ он поду́мал: так, зна́чит, я и есть э́то мо́ре.

Вот чего́ я хочу́ – быть из со́ли. И тогда́ в будора́жащей с де́тства фра́зе – *казни́ть нельзя́ поми́ловать* – не оста́нется ме́ста для запято́й. Вот чего́ я хочу́. И так бу́дет. Ю́ность стра́шно пристра́стна к пунктуа́ции. То́лько и́стинно взро́слый спосо́бен в пото́ке чтить не па́узы, а – пото́к. Ты, сестрёнка, бою́сь, никогда́ не дозре́ешь до э́того. Зна́ешь, в по́езде э́то насто́лько нагля́дно! Вот лежу́ я сейча́с запято́й и при э́том несу́сь над землёй, над траво́й, сквозь поля́, ми́мо ты́сяч столбо́в, огонько́в, скирд, хиба́рок – так, как бу́дто бы я их собо́й собира́ю в одно́ назывно́е и бесконе́чное предложе́ние. Э́ту фра́зу никто́ никогда́ не прочтёт – ра́зве то́лько что марсиа́не… Зна́чит, нет э́той фра́зы – как фра́зы! А есть… Что же есть? Неуже́ли он взял и влюби́лся в меня́? Зна́ешь, как он бежа́л? На реко́рд! Босико́м! Но́ги – в кровь!.. Я про что́-то друго́е хоте́ла… Ну да ла́дно. Просну́сь… то́лько э́то неско́ро, э́тот по́езд – неско́рый… до смешно́го неско́рый… Многото́чия звёзд… То́чек нет, понима́ешь? Одни́ многото́чия…

Ich sah mich nochmal um, und wahrscheinlich fiel mir deshalb die Parabel von dem Männchen aus Salz ein. Wie es im Meer baden wollte. Und hineinging. Und, oh Graus, seine Beinchen sich auflösten, dann seine Ärmchen, und sein Bäuchlein, und sein Rücken, und seine Schultern ... Zuletzt blieb rein gar nichts von ihm übrig, und da dachte es: Nun bin ich also selbst dieses Meer.

Das ist es, was ich will, aus Salz sein. Dann bleibt in dem Satz, der mich seit meiner Kindheit so beunruhigt – *hinrichten soll man, nicht begnadigen* – kein Platz für ein Komma. Das ist es, was ich will. Und so wird es sein. Die Adoleszenz hat eine schreckliche Vorliebe für die Interpunktion. Nur ein wahrhaft Erwachsener ist dazu fähig, im Strom nicht die Pausen zu schätzen, sondern den Strom selbst. Ich fürchte, dass du, Schwesterchen, diese Reife nie erlangst. Weißt du, im Zug wird das so schön anschaulich! Da lieg ich nun, ein Komma, und rase dabei über die Erde hin, über das Gras, durch die Felder, an tausend Pfählen, Lichtern, Schobern, Hütten vorbei, als versammelte ich sie in einem unendlichen Nominalsatz. Diesen Satz wird nie jemand lesen, höchstens vielleicht ein Marsmensch ... Also gibt es diesen Satz als Satz nicht! Aber es gibt ... Was gibt es? Hat er sich etwa einfach in mich verliebt? Weißt du, wie er gerannt ist? Rekordverdächtig! Barfuß! Die Füße blutig! Eigentlich wollte ich was anderes sagen ... Na, egal. Wenn ich aufwache ... aber das geht nicht so schnell, das hier ist kein Schnellzug ... er ist lächerlich unschnell, der Zug ... Sterne wie Auslassungspunkte ... Punkte gibt es nicht, verstehst du? Bloß Auslassungspunkte ...

Викто́рия Фомина́: Пья́ная кры́са на ку́хне

Едини́ца со ско́бкой: кры́са есть пренеприя́тное живо́тное. Прошу́ заме́тить!

Дво́йка со ско́бкой: ворова́ла!

Скоти́на така́я. Хитрю́щая.

Она́, зна́ете ли, по сте́нам, по потолку́ – за́просто. А в куря́тнике – раз плю́нуть. Схва́тит яйцо́ в ла́пки, де́ржит бе́режно, что́бы не раздави́ть, э́то поня́тно, и ползёт на спине́. Да-да-да! Ла́пки кве́рху, в ла́пках яйцо́, на спине́ лежи́т и ползёт, хвосто́м помога́ет. Я вы́следила. Подтвержда́ю!

Тро́йка со ско́бкой: кры́са есть не о́чень прия́тное. То́ есть ма́ло, не́ на что, но не занима́ть.

Четвёрка со ско́бкой – расска́з:

Молоко́ храни́ли в подва́ле, в больши́х стекля́нных бутыля́х с дли́нным го́рлышком. Замеча́ю, кто́-то сли́вки снима́ет. Грешу́ на сосе́дку. Ду́маю: подслежу́ – узна́ю. Так э́то всё она́ же! Кры́са! Хи́трое живо́тное.

По стене́ заберётся. Све́рху в го́рлышко буты́ли с молоко́м хвост свой слоно́вий засу́нет. А пото́м выта́скивает. На хвосте́, зна́чит, сли́вки жи́рные комо́чками нали́пли. Зате́м сполза́ет со стены́ и всё э́то сли́зывает с хвоста́. Во!

Про́бовала буты́ль на верёвку к потолку́ приве́шивать, так она́ с потолка́ верёвку перегры́зла. Буты́ль, есте́ственно, накры́лась. И попирова́ла, зара́за, за мой счёт.

Ци́фра пя́тая со ско́бкой: горба́тая своего́ не упу́стит...

И так да́лее...

Viktoria Fomina: Die betrunkene Ratte in der Küche

Nummer eins: Die Ratte ist ein äußerst unangenehmes Tier. Bitte zu beachten!

Nummer zwei: Sie hat gestohlen!

Dieses Mistvieh. Eine ganz Gewitzte.

Wissen Sie, die läuft über die Wände, über die Decke – kein Problem. Und im Hühnerstall – das ist ein Klacks für sie. Nimmt ein Ei in die Pfoten, hält es vorsichtig, um es nicht zu zerquetschen, ist ja klar, und robbt auf dem Rücken. Oh ja! Die Pfoten nach oben, in den Pfoten das Ei, liegt auf dem Rücken und robbt, mit dem Schwanz hilft sie nach. Ich hab sie dabei erwischt. Kann's bestätigen!

Nummer drei: Die Ratte ist nicht sehr angenehm. Allerdings mickrig, eine halbe Portion, aber davon übergenug.

Nummer vier – eine Geschichte:

Die Milch wurde im Keller aufbewahrt, in großen Glasflaschen mit langem Hals. Ich merke, dass jemand die Sahne abnimmt. Hab die Nachbarin im Verdacht. Denk mir: ich pass auf und krieg's raus. Das war's wieder die! Die Ratte! Ein gewitztes Tier.

Krabbelt die Wand hoch. Von oben steckt sie ihren Elefantenschwanz in den Hals von der Milchflasche. Dann zieht sie ihn wieder raus. Und am Schwanz, da klebt in Klümpchen die fette Sahne. Danach kriecht sie die Wand runter und leckt sich den ganzen Schwanz ab. Ha!

Ich hab versucht, die Flasche mit ner Schnur an der Decke aufzuhängen, da hat sie von der Decke aus die Schnur durchgebissen. Die Flasche ist natürlich kaputtgegangen. Und das Biest hat auf meine Kosten geschlemmt.

Numero fünf: Eine Bucklige verpasst ihre Chance nicht...

Und so weiter ...

Бе́дный Па́шечка. Тако́е несча́стье. В до́ме, в семье́, на́ го́лову На́шечке.

Всё ей на́ го́лову, свали́лось, так неожи́данно... Ка́жется, не подни́мется. Жи́ли вме́сте лет три́дцать. На́до что-то ду́мать, сообража́ть, как да́льше. Да́льше... Как же. До́чку вы́звать...

Па́шечка гляди́т в потоло́к, а мо́жет быть и нет. Поди́ разбери́сь. Пойми́ поди́. Чего́ ему́ тепе́рь хо́чется. Глаза́ то́лько ещё хло́пают. Но мо́жно поня́ть. Ру́ку, наприме́р, попра́вить. А корми́ть тяжело́. Жа́лко всё-таки. Три́дцать лет! Глаза́ бы не гляде́ли. И не му́чился бы то́же. Ско́лько тепе́рь пролежи́т, одному́ Бо́гу изве́стно. Лежи́, Па́шечка, отдыха́й. Мо́жно тепе́рь лежа́ть до́лго-до́лго. До са́мой сме́рти.

Па́шечка, стра́шненький, ста́ренький, смо́рщенный, а гла́вное – неподви́жный, не-под-виж-ный, как отпи́ленный обру́бок чужо́й коне́чности.

Ну, заче́м же так. Челове́к всё-таки. Ещё живо́й. Пуска́й парализо́ванный. Но слы́шит ещё, наве́рное. И ду́мает, коне́чно. Э́то безусло́вно, что ду́мает. И чу́вствует, не так уве́ренно. Кли́зму тебе́ постави́ть, что́ ли. Необходи́мо ста́вить кли́зму, что́бы мо́жно бы́ло корми́ть, что́бы бы́ло куда́ помеща́ть пи́щу, и ещё что́бы Э́то, что́бы не у́мер, прости́, Го́споди. Как тебе́, Па́шечка, ду́мается, в тако́м положе́нии?

Вот сейча́с пойду́ откро́ю. Дверь. Потому́ что кто́-то позвони́л. Наве́рное, э́то го́сти пришли́. Хотя́т тебя́ уви́деть ещё раз, разо́чек, ка́почку, пе́ред сме́ртью, – не вслух, про себя́. Но на́до открыва́ть, потому́ что уйду́т. А кто пришёл – э́то интере́сно. Но стра́шно немно́жко, и нело́вко как-то... встреча́ть... Никогда́, то есть давно́,

Armer Paschetschka. So ein Unglück. Für das Haus, für die Familie, für Naschetschka.

Alles lastet auf ihr, ist auf sie eingestürzt, ganz unerwartet ... Er wird wohl nicht wieder. Dreißig Jahre haben sie zusammengelebt. Man muss sich was ausdenken, überlegen, wie es weitergeht. Weitergehen ... Es muss ja. Die Tochter holen ...

Paschetschka schaut an die Decke. Vielleicht auch nicht. Da kenn sich einer aus. Das versteh einer. Was er jetzt will. Nur die Augen zwinkern noch. Man kann's aber verstehen. Zum Beispiel den Arm anders legen. Das Füttern fällt schwer. Tut einem doch leid. Dreißig Jahre! Wenn ich's nur nicht mit ansehen müsste. Und er sich auch nicht quälen müsste. Bis wann er noch so liegen wird, weiß Gott allein. Lieg nur, Paschetschka, ruh dich aus. Du kannst jetzt lange, lange liegen. Bis zum Tod.

Paschetschka, schäbig, ältlich, runzlig, aber vor allem unbeweglich, un-be-weg-lich, wie das abgesägte Stück von einem fremden Glied.

Nein, was soll das denn. Ist doch trotz allem ein Mensch. Noch am Leben. Wenn auch gelähmt. Hört aber noch, wahrscheinlich. Und denkt natürlich. Da gibt's keinen Zweifel, dass er denkt. Und fühlt, aber das ist nicht ganz so sicher. Brauchst du vielleicht einen Einlauf? Ein Einlauf muss unbedingt sein, damit man füttern kann, damit das Essen Platz hat, und dann noch damit Dingsbums, damit er nicht stirbt, vergib mir, Herrgott. Wie denkt es sich in dieser Lage, Paschetschka?

Jetzt geh ich also aufmachen. Die Tür. Weil es geklingelt hat. Wahrscheinlich sind das Gäste. Möchten dich noch einmal sehen, ein einz'ges Mal, ein Mälchen vor dem Tod – nicht laut gesagt, nur für sich. Aber ich muss aufmachen, sonst gehen sie weg. Wer das wohl ist? Das ist spannend. Aber ein bisschen grausig, und irgendwie peinlich ... jemanden empfangen ... Nie, das heißt vor langer, sehr

очень давно, кто-то приходил. А вообще-то отвыкли, как-то постепенно. Дочка уехала, и перестали приходить. К ним… Мало родственников. Друзья, когда на пенсии, особенно не получается. Нелюди они, нет, нелюдимы, одиноки и привыкли. Вот.

Что-то не разберу, в глазок, мутновато что-то… Никак братец его со своей… Ну-ка, как там: «Кто там?»… А? Да, о-о-о? Точно. Ну, ничего себе! Входите, входите… Я сейчас. Фартук, и всё такое… По-родственному? Да? Ну, конечно, конечно…

А узнали когда? Нет, откуда, хотела сказать… Надо знать, что? Совесть. Вам – совесть? Ах, нет, я просто так… А кто сказал? Привиделось… мне сегодня тоже… Это холодильник.

Нет, привыкла я жить. В доме. Этом. Всегда. Так… Хорошая? Глупости какие… С таким трудом дали нам эту несчастную квартиру… Как хочется отдохнуть. По-человечески…

Посмотрите сами. Шкаф. Кресло. Да, два. Три. Всего – четыре. Два – здесь, и два – в другой комнате. ТАМ, куда сейчас пойдём… Вот только, который час? Скоро будет весна. А сейчас зима. И холодно на балконе. Но всё равно, выходите, посмотрите… Да, лето, когда зелёные листочки, да. Очень. Тоже хорошо. А вы где? Конечно, догадалась. Как же. Там, возле парка и Дома Советов. Советы. Совет. Советик, советик, информбюро. Какая…

Да. Пашечка. Один. ТАМ, конечно, лежит, как все. Наверное, услышал и думает. Но понять трудно. Можно прокричать, так лучше, может быть. Открываю дверь на счёт «три». Не вста-

langer Zeit ist mal jemand dagewesen. Im Grunde haben sie's verlernt, so allmählich. Die Tochter ging weg, und die Leute kamen nicht mehr. Zu ihnen … Wenig Verwandte. Ist man auf Rente, klappt das mit den Freunden nicht so gut. Menschenspreu sind sie, nein, menschenscheu, einsam und dran gewöhnt. Jawohl.

Irgendwie erkenn ich nichts, durch den Spion, ist irgendwie verschwommen … Etwa das Bruderherz mit seiner … Na dann, wie war das noch: «Wer ist da?» Na? Ja, oha! Genau. Nun sieh mal einer an! Kommt rein, kommt rein … Ich bin gleich soweit. Die Schürze und so … Unter Verwandten? Ja? Na, sicher, sicher …

Wann habt ihr's erfahren? Nein, woher, wollte ich sagen … Muss man doch haben – was? Das Gewissen. Ihr – und Gewissen? Ach nein, ich meinte nur so … Wer hat's euch gesagt? Geträumt … Ich auch heute… Das ist der Kühlschrank.

Nein, ich bin dran gewöhnt zu leben. Hier. Im Haus. Immer. So … Schön? Was für ein Blödsinn … Nach wie viel Ärger haben sie uns diese elende Wohnung gegeben … Was würd ich gern mal ausruhen. Wie ein Mensch …

Guckt selbst. Schrank. Sessel. Ja, zwei. Drei. Insgesamt vier. Zwei hier, und zwei im anderen Zimmer. DORT, wo wir gleich hingehen … Einen Moment noch, wie spät haben wir's? Bald kommt der Frühling, jetzt ist es Winter. Und kalt auf dem Balkon. Aber egal, kommt raus, guckt euch um … Ja, im Sommer, wenn die Blätter grün sind, ja. Sehr. Auch gut. Und wo wohnt ihr? Natürlich, hab ich mir gedacht. Sicher doch. Dort, beim Park und beim Haus der Räte. Räte. Rat. Rätchen, Sowjetchen, Informationsbüro. Was für eine …

Ja, Paschetschka. Allein. DORT, sicher, er liegt da, wie sie alle liegen. Wahrscheinlich hat er euch gehört und denkt nach. Verstehen ist aber schwierig. Wir können rufen, das ist besser, vielleicht. Bei «drei» mach ich die Tür auf. Geht

ва́йте на цы́почки и не заде́рживайте дыха́ние, он ещё не у́мер, а зна́чит живо́й. Не шеве́лится, это пра́вда. Но не всё сра́зу. Вы хоти́те всё уви́деть, на́до ждать. Мо́жет быть но́чью, и́ли днём, что легче, е́сли повезёт... Попра́вить поду́шечку, потро́гать? Коне́чно, мо́жно. Па́льцем и па́льчиком, тро́гайте, пожа́луйста, вы о́ба. Так – оди́н, и втора́я, – бра́во! Па́шечка зна́ет, улыба́ется, коне́чно, вну́тренне. Жи́лочка на лбу пульси́рует. Э́то его́ черта́ характе́рная. Всю жизнь. Му́жа изучи́ла, как ро́дственника, бли́зкого. Го́ре-го́рюшко, – про себя́, слёз не на́до. Он смо́трит, гла́вное, ды́шит, о́чень ти́хо... Вот склони́лись, запечатле́ли, и мо́жно пя́титься, то есть спино́й, за́дом, отходи́ть. К две́ри, кото́рая откры́та и не закрыва́лась. Сейча́с. А вообще́ открыва́ется. В обра́тную сто́рону. Спаси́бо.

Вздохну́ли. Снача́ла он, она́, пото́м ещё разо́к. А заче́м? Потому́ что. Вели́кая та́йна, кото́рая про́сто. Ну́жно страда́ть. И люби́ть э́ту боль. Стально́й мазохи́стик. Каки́е-то инопланетя́не...

Вот откро́ю холоди́льник. Позвони́ли бы... Да, коне́чно! Уже́ пять лет, как телефо́н. Ха-ха-ха, – не так гро́мко, что́бы прили́чно. Глу́пости. О́чень хо́чется есть.

О́чень про́сто: па́льцем помани́л и исчёз. Но э́то из друго́й о́перы. Ну́жно войти́ в роль, в да́нную. Вти́скиваюсь.

Вот опя́ть ку́хня. Холоди́льник хло́пал во́семь раз и бу́дет ещё во́семь. Тепло́ от плиты́, газ горя́щий, си́ний по края́м и кра́сный внутри́. Чего́ уж про́ще: сиди́ себе́. Посу́ду на́до принести́ из ко́мнаты, для го́стей – не по́льзуемся...

nicht auf Zehenspitzen und haltet nicht den Atem an, er ist noch nicht tot, das heißt, er lebt. Er bewegt sich nicht, das ist wahr. Aber nicht alles auf einmal. Wenn ihr alles sehen wollt, müsst ihr warten. Vielleicht nachts, oder tagsüber, das ist leichter, wenn man Glück hat … Das Kissen aufschütteln, anfassen? Sicher, das geht. Mit dem Finger und dem Fingerchen, bitte, fasst nur an, ihr beiden. So – der eine, dann die andere, bravo! Paschetschka weiß Bescheid, er lächelt, natürlich innerlich. Das Äderchen auf der Stirn pulsiert. Das ist ein typischer Zug von ihm. Das ganze Leben lang. Hab meinen Mann studiert wie einen nahen Verwandten, einen Angehörigen. Ach, dieser Kummer – aber das nur nebenbei, und bloß keine Tränen. Er schaut, vor allem atmet er, ganz leise … Also, habt euch runtergebeugt, habt einen Eindruck bekommen, jetzt könnt ihr euch zurückziehen, das heißt rücklings oder rückwärts weggehen. Zur Tür, die offen steht und andauernd nicht zuging. Moment. Eigentlich geht sie auf. Zur anderen Seite. Danke.

Sie haben aufgeatmet. Zuerst er, dann sie, dann noch einmal. Und warum? Darum. Ein großes Geheimnis, das einfach so. Leiden muss man. Und den Schmerz lieben. Kleiner Masochist aus Stahl. Als wären sie vom anderen Stern…

Also, ich mach den Kühlschrank auf. Ihr hättet doch anrufen können … Ja, natürlich! Schon seit fünf Jahren haben wir Telefon. Ha, ha, ha – nicht so laut, die Schicklichkeit! Unsinn. Ich hab einen Riesenhunger.

Ganz einfach: Er winkte mit dem Finger und verschwand. Doch das ist eine andere Geschichte. Man muss in die Rolle schlüpfen, die vorgegeben ist. Ich zwäng mich rein.

Also, wieder die Küche. Der Kühlschrank hat acht Mal gescheppert und wird es noch acht Mal tun. Wärme vom Herd, brennendes Gas, blau am Rand, rot in der Mitte. Nichts einfacher als das: Bleib sitzen. Das Geschirr hol ich aus dem Zimmer, für die Gäste – wir benutzen es nicht…

Ли́ния должна́ быть лёгкой и незако́нченной, как ли́ния повествова́ния. Но всё-таки, е́сли не худо́жник, то писа́тель. Просыпа́ется. И не на заре́. А когда́ в зени́те. Наверху́. Максима́льно отдалённая то́чка, вверх по горизонта́ли. Но что́бы ви́дно...

Всё согре́лось уже́. В смы́сле, еда́...

А евре́йский вопро́с о́чень си́льно занима́ет евре́ев. Занима́л бы и меня́, и бу́дет занима́ть, потому́ что ста́лкиваюсь.

Но меня́ здесь нет. Здесь, на ку́хне, то́лько тро́е, пожилы́е люди. Хозя́йка накры́ла на стол, и разгова́ривают. Она́ и ещё жена́, две же́нщины, жена́ го́стя и сам гость без жены́. Втроём.

Жи́ли вме́сте когда́-то Па́шечка с бра́том. «Когда́-то», потому́ что у ма́мы. Дом был ма́мин и па́пин. Па́па то́же был. Всё, как у люде́й. Не без того́.

Взять за пра́вило: ка́ждый день пе́ред сном запи́сывать, и чита́ть моли́тву. Как кля́тва. А нельзя́ кля́сться. Что? Произноси́ть кля́тву вслух и про себя́. Но дава́йте, разгова́ривайте, почему́ замолча́ли?

Коне́чно, всего́ не расска́жешь. За всю жизнь. Заче́м пришли́, я вас спра́шиваю? Жи́лка на лбу подра́гивает. Э́то сейча́с – кварти́ра, газ, сни́зу си́ний, по края́м кра́сный, да́же ва́нную ка́фелем вы́ложил. Здоро́вый пока́ был... Вспомина́л иногда́, но пло́хо. Сло́вом плохи́м, го́рьким, жа́лобным. Тако́й краси́вый, когда́ молодо́й. Необходи́мо! А ты – под зад колёном. Как же! Он никогда́ не забу́дет, и в моги́ле. Поэ́тому пришёл, ста́рый хрен?.. Ла́дно, чего́ уж там. Вот вам, на стол, всегда́ держу́. Ра́ньше пря́тала, по угла́м, нет, под ме́бель, в шкаф, в ту́мбочки,

Die Linie sollte leicht und unvollendet sein, wie die Linie einer Erzählung. Trotzdem, wenn nicht der Künstler, dann der Schriftsteller. Erwacht. Und nicht beim Morgengrauen. Sondern im Zenit. Auf der Höhe. Am Punkt maximaler Entfernung, die Horizontale hinauf. Aber sichtbar ...

Alles ist schon warm geworden. Ich meine das Essen ...

Die Judenfrage beschäftigt die Juden sehr stark. Sie würde auch mich beschäftigen und wird mich beschäftigen, weil ich mit welchen zu tun habe.

Aber ich bin nicht hier. Hier, in der Küche, sind nur dreie, drei ältere Leute. Die Hausfrau hat den Tisch gedeckt, und man unterhält sich. Sie und noch eine Gattin, zwei Frauen, die Gattin des Gastes und dann der Gast ohne Gattin. Zu dritt.

Einst lebten Paschetschka und sein Bruder zusammen. «Einst», weil bei Mama. Es war das Zuhause von Mama und Papa. Einen Papa gab es auch. Alles wie bei feinen Leuten. Aber klar doch.

Mach dir zur Regel, jeden Tag vor dem Schlafengehen was aufzuschreiben und ein Gebet zu sprechen. Wie ein Schwur. Schwören darf man nicht. Was? Einen Schwur laut oder für sich aussprechen. Aber bitte sehr, redet doch, warum sagt ihr nichts mehr?

Sicher, alles kann man nicht erzählen. Im Leben nicht. Wozu seid ihr gekommen, frag ich euch? Das Äderchen auf der Stirn pocht. Das ist erst jetzt so – Wohnung, Gas, unten blau, an den Rändern rot, sogar das Bad hat er gekachelt. Als er noch gesund war ... Von dir gesprochen hat er manchmal, aber schlecht. Schlecht, bitter, anklagend. So schön als junger Mann. Aber gewiss! Und du – stößt ihm das Knie in den Hintern. Ja doch! Das vergisst er nie, nicht mal im Grab. Bist du deshalb gekommen, alter Sack? ... Na gut, was soll's. Da, für euch, auf den Tisch damit, hab immer was im Haus. Früher hab ich's versteckt, in den Ecken, nein, unter den Möbeln, im Schrank, im Nacht-

где трусы́ гря́зные лежа́т. До сти́рки, коне́чно. А сейча́с мо́жно ста́вить свобо́дно, где хо́чешь. Ах, как га́дко оста́ться одному́. Не понима́ют молоды́е...

Вы уе́хали тогда́, зна́чит? Да, зна́ю. Но прие́хали ведь. Обра́тно, че́рез пять лет. За грани́цей, мы боя́лись, но лу́чше. Да, и в Финля́ндии, в кото́рой вы бы́ли пять лет, ка́жется. Мо́жет быть. Побо́льше...

Никогда́ не расска́зывали. Да, не пришло́сь, не приходи́лось. Где уж нам. Ишь, как кря́кает! Ох, прости́, Го́споди... Ничего́, лу́чше, в смы́сле Финля́ндии. А мы боя́лись. Но э́то зря. Опя́ть махну́л, по́лный стопане́ц до кра́ешка. Опя́ть кря́кает. Гора́зд! К ста́рости проявле́ние, негати́вное... Ну-ну... В смы́сле, ну и... Так вот. Дом был свой. Свой дом был. Ну, сад, коне́чно, хозя́йство, всё тако́е. Кукареку́! О, ско́лько уго́дно! Све́жие, аб-со-лют-но све́жие, по утра́м. Изба́ловала. Но как прия́тно... И всё же... Всё снача́ла.

Едини́ца со ско́бкой: кры́са есть пренеприя́тное живо́тное...

И так да́лее, как бы́ло в нача́ле, до ци́фры пять.

А брати́шка всё потя́гивает. Хло́пает и кря́кает, хло́пает и заку́сывает потихо́нечку. Под шумо́чек. Не напасёшься на тебя́.

Ну, пото́м, зна́чит, домо́й реши́ли. Он – челове́к поднево́льный. Како́е там. Но ничего́. По парти́йной ли́нии пошёл. Да, по парти́йной. Но вы ведь с Па́шечкой зна́ете, как пошёл... А? Да-да-да, тогда́, ка́жется, вот э́то са́мое и случи́лось... Неприя́тности.

Сократи́ли и вы́гнали Па́шечку. Па́шечка... Нюрка на рука́х. Как во вре́мя войны́. Сте́нка

tischchen, wo die schmutzigen Unterhosen liegen. Bis zur Wäsche natürlich. Und jetzt kannst du's offen hinstellen, wohin du willst. Ach, wie scheußlich, allein zurückzubleiben. Das verstehen die Jungen nicht ...

Ihr seid also damals weggegangen? Ja, ich weiß. Aber ihr seid ja wiedergekommen. Zurück, nach fünf Jahren. Im Ausland, wir hatten Angst, aber es ist besser. Ja, in Finnland auch, wo ihr fünf Jahre wart, wie es scheint. Kann sein. Noch länger ...

Ihr habt nie davon erzählt. Ja, es kam nicht dazu, es kam nie dazu. Was sind wir schon! Nein, wie er rülpst. Uff, Herrgott vergib ... Ist nicht schlecht, sogar besser, Finnland meine ich. Und wir hatten Angst. Ganz umsonst. Wieder kippt er 'n Gläschen, voll bis zum Rand. Und rülpst wieder. Holla! 'ne Alterserscheinung, aber ne negative ... Und, und ... Ich meine, und dann ... Also. Das Haus war unser eigenes. Unser eigenes Haus war das. Mit Garten natürlich, Landwirtschaft, all dem Zeug. Kikeriki! Oh, soviel du willst. Frisch, ab-so-lut frisch, jeden Morgen. Verwöhnt hat sie mich. Aber schön war es ... Und trotz allem ... Alles von vorn.

Nummer eins: die Ratte ist ein äußerst unangenehmes Tier ...

Und so weiter, wie am Anfang, bis zu Numero fünf.

Brüderchen süppelt derweil. Bechert und rülpst, bechert und knabbert still vor sich hin. Heimlich, still und leise. Kann den Hals nicht voll kriegen.

Na ja, dann hieß es, wieder nach Hause. Er ist ja Befehlsempfänger. Keine Chance. Machte aber nichts. In der Partei hat er's probiert. Ja, in der Partei. Aber Paschetschka und du, ihr wisst doch, wie es zuging ... Was? Ja, ja, damals ist anscheinend diese eine Sache passiert ... Die Unannehmlichkeiten.

Entlassen und rausgeworfen haben sie Paschetschka. Und Paschetschka ... Mit der kleinen Njurka. Wie im Krieg.

тре́снула с одно́й стороны́. Пришло́сь подпере́ть. Ведь ру́хнула бы. Непреме́нно. И пятна́дцать лет в воню́чем бара́ке на пти́чьих права́х! А он, гляди́ на него́, всё тя́нет и тя́нет, кря́кает, жи́рный, как тюле́нь, но ста́рый уже́. Ты, дура́к ста́рый, дыша́ть уже́ не мо́жешь. Помидо́р! И всё тако́е... Алкого́лик! Ну, да ла́дно, Бог прости́т. Слы́шишь? Гла́зки осолове́лые. Заче́м припо́лз? Что – «На́шечка»? На́шечка! Из-за него́ всё! Ду́маешь, он не зна́ет? «На́шечка»! А ты, тетю́ха-мотю́ха, за его́ спино́й, как за па́зухой. Чего́ у вас нет? Чего́ вы тут выню́хиваете? То́лько-то́лько в но́рму вошли́. На ста́рости лет. Пожи́ть бы тепе́рь. Да вон, согну́лся. Ру́ки у него́, вы посмотри́те, в суста́вах не сгиба́ются! Батрако́м ходи́л в на́шей... Всю жизнь! А ты, каба́н, хрю́каешь. Прослези́лся. Куда́ там! Ме́ньше хре́на клади́!

И вы́летела из ку́хни снача́ла на балко́н. Но там хо́лодно. О́чень. Сту́жа. Не весна́ ещё. А как хорони́ть? Е́сли моги́лу рыть, то тяжело́. Зато́ сохрани́тся до́льше. Мо́жно приходи́ть и ду́мать, что там он лежи́т, как живо́й, и всё тако́й же. Как на крова́ти парализо́ванный. И не пристава́йте ко мне! И не говори́те! Всё равно́ не полу́чится по-ро́дственному! И когда́ умрёт, на по́хороны – ни ного́й! Сама́ прогоню́. Вы́толкаю в ше́ю. Осла́влю на весь мир!

И вы́бежала в ко́мнату. В другу́ю. Не там, где Па́шечка. За ней – го́стья. Утеша́ть, подвыва́ть и подли́зываться. Брату́ха-бо́ров с ме́ста не сдви́нулся. А заче́м, когда́ ещё полбуты́лочки?

Па́шечка заволнова́лся. У себя́ там. И что они́ де́лают там, за сте́нкой? И заче́м так крича́ть?

Die Wand kriegte Risse auf der einen Seite. Musste abgestützt werden. Wär sonst eingefallen. Unbedingt. Fünfzehn Jahre vogelfrei in einer muffigen Baracke! Und der da, guck ihn an, süppelt munter weiter und rülpst, fett wie ein Seehund, aber ein alter. Du alter Trottel, kriegst ja keine Luft mehr. Rot wie ne Tomate! Und weiter im Text ... Alkoholiker! Na ja, schon gut, Gott vergibt. Hörst du? Die Äuglein trübe. Wozu kommst du hier angekrochen? Wie – «Naschetschka?» Naschetschka! Ist doch alles wegen ihm! Meinst du, der weiß das nicht? «Naschetschka!» Und du Transuse versteckst dich hinter seinem Rücken wie in seiner Hosentasche. Was habt ihr hier zu suchen? Was schnüffelt ihr hier rum? Gerade erst waren wir übern Berg. Auf unsere alten Tage. Jetzt hätte man leben können. Und da hat's ihn erwischt. Schaut her, er kann seine Arme nicht mehr beugen! Wie ein Ochse geschuftet hat er in unserm ... Das ganze Leben! Und du grunzt, du Borstenvieh. Jetzt flennt er. Ach was! Nimm weniger Meerrettich!

Und sauste aus der Küche raus, zuerst auf den Balkon. Aber da ist es kalt. Sehr. Klirrend. Noch nicht Frühling. Und die Beerdigung? Wird schwer sein, das Grab auszuheben. Dafür hält er sich länger. Man kann hingehen und denken, dass er da liegt wie lebendig, ganz genauso. Wie gelähmt im Bett. Lasst mich bloß in Frieden! Hört mir bloß auf! Unter Verwandten! Das klappt ja doch nicht! Und wenn er stirbt, lasst euch ja nicht auf der Beerdigung blicken! Ich jag euch selber weg. Schubs euch zum Friedhof raus. Mach euch unmöglich vor der ganzen Welt!

Und lief ins Zimmer. Ins andere. Nicht zu Paschetschka. Die Gattin ihr nach. Um zu trösten, mitzugreinen, sich einzuschmeicheln. Bruder Fettsack hat sich nicht vom Fleck gerührt. Wozu auch, wenn noch ne halbe Flasche da ist?

Paschetschka ist unruhig geworden. Dort bei sich. Was machen die da, hinter der Wand? Warum dieses Geschrei?

Не надо. Посмотреть, что ли? Что это я лежу… и не вмешиваюсь?

Поднялся Пашечка. Вернее, при-поднялся. Руками взмахнул. Выдохнул. И отбросил всё тяжёлое и ненужное. Как-то даже переступил через себя неподвижного. Но неловко. Зацепился за ногу. И съехала она с кровати. И потащила весом своим за собой другую. А руки за подушку держались… Так и осталось. Половина – на полу, половина – за подушку уцепилась. Обидно. Не эстетично. Но что поделаешь. Так получилось.

Прости меня… Он знает, кто. Я виновата и каюсь. Если, конечно, это поправит дело. А так, кайся – не кайся, один чёрт. Но Пашечка…

Проник на кухню. Через скважину.
Хорошее слово – «сква-жжжи-на». Уселся напротив. Ну что, братуха? Неужели это ты? А братуха жирный крякает, тоненьким носиком с короткими усиками стаканчик исследует. И – хлоп! Пока без свидетелей, нету никого. Да я же простил тебя, братуха. Ну, что там! Ну, отказался от меня, когда я тогда… Ну, жизнь ведь она такая, конечно. Сегодня так, а завтра совсем по-другому. Я крепился, конечно, но скучал всё-таки. Кровь одна, родная, что ни говори… Так ведь, братуха?.. Молчишь. Ты молодец, что пришёл. Я ведь думал, что никогда… На Нашку не обижайся… Ну её. Пошумит, и всё. Главное – это мы с тобой. Так ведь, брат? Что ж ты… твою мать… как не родной? Я с тобой разговариваю?! Ты что же сидишь, пьёшь здесь! У меня! И не замечаешь. Не откликаешься. Даже хвостом не повёл… Ну-ка, посмотри на меня! В глаза, говорю! Какая же ты…

Lasst das doch. Ob ich nachschaue? Was lieg ich da und greif nicht ein?

Da erhob sich Paschetschka. Beziehungsweise hob sich an. Schwenkte die Arme. Atmete aus. Und warf alles Schwere und Unnütze von sich. Irgendwie überschritt er sogar sich selbst, den Unbeweglichen. Aber unbeholfen. Blieb am Bein hängen. Und das glitt vom Bett. Und zog mit seinem Gewicht das andere mit. Die Arme hielten sich am Kissen fest ... Und so blieb es. Die eine Hälfte auf dem Boden, die andere klammerte sich ans Kissen. Peinlich. Unästhetisch. Aber nicht zu ändern. So kam es eben.

Verzeih mir ... Er weiß, wer. Ich bin die Schuldige und bereue. Natürlich nur, wenn das die Sache besser macht. Wenn nicht, ist es schnurz, ob man bereut oder nicht ... Aber Paschetschka ...

Drang in die Küche ein. Durchs Schlüsselloch. Ein schönes Wort, Schlüss-ssel-loch. Setzte sich gegenüber. Was ist, Bruder? Bist du's wirklich? Bruder Fettwanst rülpst und untersucht mit seinem feinen Näschen mit dem kurzen Schnurrbarthaar das Glas. Und hopp! Solang er ohne Zeugen und keiner da ist. Aber ich hab dir doch verziehen, Bruder. Was war schon groß! Na gut, du hast dich von mir losgesagt, als ich damals ... Na ja, sicher, so ist das Leben eben. Heute so, morgen ganz anders. Sicher, ich hab mich nicht unterkriegen lassen, aber gesehnt hab ich mich doch. Die Bande des Blutes, wie man's auch dreht und wendet ... Was, Bruder? Sagst nichts. War prima von dir, herzukommen. Ich hab ja gedacht, dass wir nie mehr ... Ärger dich nicht über Naschka. Zum Teufel mit ihr. Die tobt ein bisschen, und das war's. Du und ich – das ist die Hauptsache. Was, Bruder? Was tust du so fremd, du Bastard? Ich rede mit dir! Was sitzt du hier und trinkst? Bei mir! Und nimmst keine Notiz! Und antwortest nicht. Nicht mal den Schwanz bewegst du! He, schau mich an! Schau mir in die Augen, sag ich! Was bist du für ein ...

И Па́шечка мотылько́м подлете́л к нему́, замахну́лся, на́ спину обру́шил пе́рвый уда́р, чуть ни́же ше́и. Так тебя́! Ного́й пну, всю жизнь ру́ки чеса́лись! Пнул. И по ше́е со всего́ ма́ху. И так! Так! Вот тебе́!

Бе́дный Па́шечка. Э́ти беспо́мощные конву́льсии, припа́дки гне́ва безболе́зненные. Разобьёшься о бра́тика. Вот! Уже отлете́л, уда́рился о сте́ну. Влип. Вписа́лся. Пото́м сполз, застона́л. Но не от бо́ли. Кака́я уж тут боль! От невы́сказанности. Всехли́пнул.

Брату́ха огляну́лся. Наконе́ц-таки сде́лал движе́ние. Со стра́хом. Зате́м у́жасом. Рука́ подняла́сь, как бу́дто ко лбу, для кре́стного знаме́ния, но не дотяну́ла, останови́лась у подборо́дка, зате́м ше́ю потро́гала, почеса́ла там, куда́ Па́шечка ткнул. И качну́лся. Засопе́л, засуети́лся. С тре́тьего качка́ встал. Но о́хнул. Но́ги затекли́, пото́м пошли́ не в ту сто́рону. Наклони́лся с отды́шкой. Накрени́лся, прито́птывая. И бу́хнулся, не си́льно, на коле́нки. Всё-таки нализа́лся. Успе́л. И скоре́й-скоре́й, бего́м от Па́шечки. Дверь ла́пкой цара́пает, попи́скивает.

Открыва́ется дверь! Открыва́ется и не закрыва́лась! В другу́ю сто́рону!

Глаза́ бы Па́шечкины не глядели. Сиди́т в углу́ Па́шечка, у сте́нки, с кото́рой сполз, в комо́чек сжа́лся, коле́нки у подборо́дка, сиди́т ма́льчиком. В слеза́х, со слеза́ми, в глаза́х слёзы. Так на́до.

Коридо́р. И бе́гство госте́й непро́шеных.

Und Paschetschka flog wie ein Falter zu ihm hin, holte aus, ließ den ersten Schlag auf den Rücken niedersausen, etwas unterm Nacken. Da hast du's! Mit Füßen stoß ich dich, mein Leben lang hat's mir in den Fingern gejuckt! Und stieß zu. Und mit voller Wucht auf den Hals. Hier! Und da! Das ist für dich!

Armer Paschetschka. Hilflose Konvulsionen sind das, Wutanfälle, die nicht weh tun. An Brüderchen rennt man sich den Schädel ein. Da! Schon prallte er ab, fiel gegen die Wand. Klebte daran. Verschmolz damit. Dann rutschte er runter, stöhnte schwer. Aber nicht vor Schmerz. Was für ein Schmerz denn! Weil so viel ungesagt geblieben war. Und schluchzte auf.

Bruder schaute sich um. Machte endlich eine Bewegung. Ängstlich. Dann entsetzt. Die Hand hob sich, als sei sie auf dem Weg zur Stirn, um das Kreuz zu schlagen, kam aber nicht so weit, hielt am Kinn inne, berührte dann den Hals, kratzte dort, wo Paschetschka hingeboxt hatte. Bruder schaukelte vor und zurück. Schnüffelte, zappelte. Stand mit dem dritten Schaukeln auf, blökte aber erschrocken: Die Beine waren eingeschlafen, und dann gingen sie noch in die verkehrte Richtung. Beugte sich kurzatmig vor. Geriet ins Taumeln, stampfte dagegen an. Und plumpste, nicht heftig, auf die Knie. Hat also doch zuviel geschickert. Hat's geschafft. Und jetzt ganz schnell von Paschetschka weggerannt. Kratzt mit dem Pfötchen an der Tür und quiekt.

Da geht die Tür auf! Geht auf und ging doch andauernd nicht zu! Zur anderen Seite!

Wenn Paschetschka das nur nicht sehen müsste. Da sitzt Paschetschka in der Ecke, an der Wand, an der er runtergerutscht ist, hat sich zusammengerollt, die Knie bis zum Kinn, wie ein kleiner Junge. In Tränen, unter Tränen, die Augen voller Tränen. Das muss auch so sein.

Der Flur. Und die Flucht der ungebetenen Gäste. Der un-

Нена́званных. Незва́ных, не за́званных, не долгожда́нных, в о́бщем.

Всё, На́шечка. Посу́ду опя́ть мыть. Тебе́, коне́чно. Погаси́ в большо́й ко́мнате свет. Посу́да – э́то пото́м.

А сейча́с посмотри́, как там Па́шечка. На счёт «три» открыва́й дверь. Осторо́жно и бе́режно. Раз. Не спеши́. Два. И не подгля́дывай. Ты что, му́жа не ви́дела? Пра́вда, на ку́хне он. Но э́то ничего́. Оста́лся. Засиде́лся, в смы́сле, по́сле бра́тика. Ну, ла́дно. Три!

Дверь – хлоп. О стену – бац! Бздынь!

Звон разби́того стекла́. И крик На́шечки.

Не туда́.

genannten. Und überhaupt der ungefragten, ungeladenen, unerwarteten.

Das war's, Naschetschka. Wieder Geschirr spülen. Deine Arbeit natürlich. Mach im großen Zimmer das Licht aus. Das Geschirr kommt nachher dran.

Und jetzt schau, wie's Paschetschka dort geht. Bei «drei» mach die Tür auf. Vorsichtig und behutsam. Eins. Keine Eile. Zwei. Nicht gucken. Hast du deinen Mann noch nie gesehen? Freilich, er ist in der Küche. Aber das macht nichts. Er ist da geblieben. Soll heißen, sitzen geblieben, als Brüderchen schon weg war. Na schön. Drei!

Die Tür – rums. An der Wand – peng! Klirr! Das Geräusch von zerbrechenden Glas. Und Naschetschkas Schrei. In die falsche Richtung.

Ири́на Поля́нская: Ма́ма

Я держа́ла ма́мину когда́-то по́лную, упру́гую и тепе́рь ещё си́льную ру́ку, то́чно её рука́, то́лько она́ могла́ вы́тащить меня́ из пучи́ны отча́яния, а друга́я моя́ рука́ была́ свобо́дна, из неё то́лько что вы́пала рука́ мое́й до́чери, кото́рую унесли́. Я держа́ла ма́мину жёсткую ру́ку, то́чно че́рез неё крепи́ла еди́нство со все́ми родны́ми, далёкими пре́дками, со всем свои́м ро́дом, все́ми те́ми, кто, сцепи́вшись рука́ми, не даст мое́й до́чери уйти́. Тёмная рука́ мое́й ма́мы была́ их руко́ю, си́лы её бы́ли невелики́, но за не́ю стоя́ли на́ши уше́дшие в зе́млю родны́е, поэтому я как клеща́ми сомкну́ла па́льцы на её запя́стье и не дава́ла себе́ забы́ться сном, что́бы моя́ дочь не ускользну́ла в я́му э́того сна, я должна́ была́ бо́дрствовать и во и́мя всех поколе́ний держа́ть её жизнь в руке́. Темнота́ вибри́ровала под моими ве́ками, и по ней пробега́ли сире́невые и́скры, и я сно́ва раскрыва́ла глаза́, це́пко держа́ жизнь мое́й до́чери на при́вязи.

Ещё вчера́ ве́чером она́ про́сто чу́вствовала недомога́ние, хны́кала, поскри́пывала, чмо́кала губа́ми, тре́буя со́ску, но́чью нас забрала́ «ско́рая», но не́кому бы́ло помо́чь: шла ночь с суббо́ты на воскресе́нье, и на шесть отделе́ний дежу́рил оди́н изму́ченный врач. К ве́черу э́того дня ей ста́ло совсе́м пло́хо, и её положи́ли на ка́пельницу и до́лго не могли́ попа́сть игло́й в ве́ну. Она́ вдруг переста́ла крича́ть, как крича́ла до э́того, жа́лобно, надры́вно, беспо́мощно, и ста́ла смотре́ть и смотре́ть на меня́ своими се́рыми глаза́ми. Когда́ она́ родила́сь и её впервы́е принесли́ ко мне покорми́ть, я восто́рженно взяла́ её на́ руки и

Irina Poljanskaja: Mama

Ich hielt Mamas früher einmal runde und feste und jetzt immer noch starke Hand, als könnte ihre Hand und nur sie mich aus dem Abgrund der Verzweiflung emporziehen. Meine andere Hand war frei, ihr war eben erst die Hand meiner Tochter entzogen worden, die man fortgebracht hatte. Ich hielt Mamas harte Hand, als verstärkte ich dadurch die Einigkeit mit allen Angehörigen, allen fernen Ahnen, meiner ganzen Familie, mit all jenen, die, ihre Hände ineinander verklammert, meine Tochter nicht gehen lassen würden. Zu ihrer aller Hand war die dunkle Hand meiner Mutter geworden, deren Kraft nicht groß war, hinter der aber unsere dahingegangenen Angehörigen standen, und deshalb hatte ich meine Finger wie eine Zange um ihr Handgelenk geschlossen und erlaubte mir nicht einzuschlafen, damit meine Tochter nicht in die Grube dieses Schlafes glitte; ich musste wachen und im Namen all dieser Generationen ihr Leben in meiner Hand halten. Dunkelheit vibrierte unter meinen Lidern, durchzuckt von violetten Funken, und erneut schlug ich die Augen auf und hielt das Leben meiner Tochter fest an der Rettungsleine.

Noch gestern Abend hatte sie sich bloß unwohl gefühlt, sie hatte gewimmert, geplärrt und mit den Lippen schmatzend nach dem Fläschchen verlangt. Nachts holte uns der Rettungswagen ab, doch helfen konnte uns niemand: Es war die Nacht von Samstag auf Sonntag, und auf sechs Stationen arbeitete ein überlasteter Arzt. Am Abend darauf ging es ihr dann ganz schlecht, sie wollten sie an den Tropf hängen und konnten die Vene lange nicht finden. Sie hörte plötzlich auf zu schreien, wie sie bis dahin geschrieen hatte, kläglich, krampfhaft, hilflos, und sah mich nur noch mit ihren grauen Augen an. Als sie gerade geboren war und mir zum ersten Mal zum Stillen gebracht wurde, hatte ich sie voller Entzücken auf den Arm genommen und war plötz-

вдруг встретилась с её взглядом, это было так удивительно, точно заиграла неожиданная музыка. И вот тогда, когда ей наконец попали в вену, она стала молча, тихо, неотрывно смотреть на меня невыносимым взглядом, и душа моя никак не могла разорваться от муки, потому что случившееся всё ещё казалось недействительным. Мне хотелось выколоть себе глаза, чтобы ничего не видеть.

Через полчаса её унесли в реанимацию, а я вышла на больничное крыльцо и, увидев стоящую с испуганно поднятым лицом маму, припала к ней и завыла. Мама, глубоко неверующий человек, всю жизнь посвятивший науке, не верящий ни в Бога, ни в мир иной, ни в переселенье душ, заклинающим жестом простёрла руку и грозно вскричала: «Нет, нет! Бог не допустит! Не смей об этом и думать!» И тут-то я вцепилась в её руку. Мы сели на широкую скамью перед дверьми реанимационного отделения. Потом мы валетом легли на эту скамью, но я всё так же крепко держала её руку, боясь соскользнуть в сон.

И вдруг ясное утро ударило меня по глазам прежде, чем я осознала, что мамы нет рядом, а я сжимаю свою собственную окоченевшую руку. И я вскочила в таком тесном ужасе, точно меня живую похоронили, и два окна реанимации двумя пустыми бельмами посмотрели на меня: два белых запечатанных письма. И всё это произошло за считанные секунды. Я тут же увидела маму: она выскочила из дверей реанимации, прижимая обе руки к сердцу, торопясь донести до меня счастливое известие. Она подробно, взахлёб по нескольку раз повторяла одно и то же, рассказывая, как врач Нелли Петровна отперла ей дверь спозара-

lich ihrem Blick begegnet, und das war so wundersam gewesen, als wäre mit einem Male Musik erklungen. Und nun, als sie endlich ihre Vene fanden, sah sie mich still, stumm und unentwegt mit diesem unerträglichen Blick an, und mein Herz zerriss einfach deshalb nicht vor Qual, weil mir das Geschehene noch immer unwirklich erschien. Ich hätte mir die Augen ausstechen mögen, um nichts mehr zu sehen.

Eine halbe Stunde später wurde sie auf die Intensivstation gebracht. Ich trat auf die Vortreppe des Krankenhauses, und als ich Mama mit entsetzt emporgerecktem Gesicht dort stehen sah, warf ich mich ihr an den Hals und heulte auf. Mama, eine zutiefst unreligiöse Frau, die ihr ganzes Leben der Wissenschaft gewidmet hatte und weder an Gott noch an ein Jenseits oder an Seelenwanderung glaubte, streckte mit beschwörender Geste den Arm aus und rief drohend: «Nein, nein! Gott lässt es nicht zu! Nicht einmal denken darfst du das!» Da klammerte ich mich an ihre Hand. Wir setzten uns auf eine breite Bank vorm Gebäude der Intensivstation. Später legten wir uns auf dieser Bank hin, Kopf an Fuß, doch ich hielt weiter ihre Hand genauso fest, voller Angst, in den Schlaf hinabzugleiten.

Plötzlich schien mir der gleißende Morgen in die Augen, noch bevor ich gewahr wurde, dass Mama nicht mehr neben mir lag und ich meine eigene erstarrte Hand drückte. Ich sprang auf, von einem Grauen gepackt, als sei ich lebendig begraben worden, und die beiden Fenster der Intensivstation sahen mich an wie zwei blinde weiße Augen, glichen zwei versiegelten weißen Briefen. All das war eine Sache von Sekunden. Sogleich erblickte ich Mama: Sie kam, beide Hände ans Herz gepresst, aus der Tür der Intensivstation gestürzt, um mir eilends die glückliche Nachricht zu bringen. Ausführlich und überstürzt wiederholte sie mehrere Male ein und dasselbe, erzählte, wie Nelli Petrowna, die Ärztin, ihr in aller Frühe die Tür geöffnet und auf ihre

нок и на её рыда́ющие слова́ «Жива́ ли де́вочка?» удивлённо, да, удивлённо отве́тила: «Почему́ же нет?» Она́ сказа́ла, сердя́сь: «А вы что тут де́лаете? Езжа́йте споко́йно домо́й, приди́те в оди́ннадцать часо́в да привези́те нам со́сок для буты́лок». – «Вот так и сказа́ла?» – «Да, так и сказа́ла, доса́дуя: «Споко́йно езжа́йте домо́й да привези́те со́сок хоть пять штук.» – «Да хоть ты́сячу, ты́сячу со́сок!» Удиви́лась Не́лли Петро́вна, говори́т: «Почему́ же нет? А вы что тут де́лаете?» – «До́ктор, хоть одно́ сло́во: ей ле́гче?» – «Да хоть два сло́ва, – серди́то отве́тила Не́лли Петро́вна, – раз уж вы вы́нудили меня́ откры́ть дверь: норма́льно, жизнь де́вочки вне опа́сности». А сама́ серди́тая, не спала́, бле́дная, должно́ быть, не прилегла́ да́же, така́я уж у неё рабо́та.

Мы, пока́чиваясь, как пья́ные, пошли́ за со́сками, и я уже́ как о про́шлом, как о минова́вшем у́жасе, расска́зывала ма́ме о том, как смотре́ла на меня́ до́чка. Мы останови́лись, кружа́ по больни́чному двору́, вспомина́я слова́ Не́лли Петро́вны. (Уже́ пото́м, когда́ до́чка выздора́вливала и мы с ней про́сто лежа́ли в больни́це, я ка́ждый день к оди́ннадцати часа́м ходи́ла к дверя́м реанима́ции. Ка́ждый день в э́то вре́мя пе́ред ни́ми собира́лись же́нщины. Глаза́ у них бы́ли ра́зные: голубы́е, чёрные, ка́рие, но взгляд был как оголённый про́вод, и я ка́ждый день расска́зывала им свою́ исто́рию и пока́зывала выздора́вливающую до́чку. Они́ собира́лись вокру́г меня́, я с до́чкой на рука́х ока́зывалась в те́сном кругу́ одина́ковых стра́шных лиц, кото́рые, пока́ я говори́ла, зажига́лись безу́мною ве́рой, как лицо́ моей ма́мы, когда́ она́ воскли́кнула: «Бог не допу́стит!» Ка́ж-

geschluchzten Worte: «Lebt die Kleine?» erstaunt, ja, erstaunt geantwortet habe: «Warum denn nicht?» Sie habe verärgert gesagt: «Was machen Sie eigentlich hier? Fahren Sie ruhig nach Hause, kommen Sie um elf wieder und bringen Sie Sauger für das Fläschchen mit.» «Das hat sie gesagt?» «Ja, das hat sie gesagt, ganz aufgebracht: Fahren Sie ruhig nach Hause und bringen Sie mindestens fünf Sauger mit.» «Tausend, tausend, wenn es sein muss!» Erstaunt sei Nelli Petrowna gewesen, sie habe gesagt: «Warum denn nicht? Was machen Sie eigentlich hier?» «Frau Doktor, nur ein Wort: geht es ihr besser?» «Auch zwei, wenn's sein muss», habe Nelli Petrowna ärgerlich gesagt, «wo Sie mich schon dazu gebracht haben aufzuschließen: Es geht der Kleinen gut, sie ist außer Gefahr.» Ärgerlich sei sie gewesen, übermüdet, blass. Wahrscheinlich hat sie sich nicht einmal hinlegen können, was ist das bloß für eine Arbeit.

Schwankend wie Betrunkene machten wir uns auf den Weg, die Sauger zu holen, und wie von einem vergangenen, bereits entschwundenen Grauen erzählte ich Mama, wie meine Tochter mich angeblickt hatte. Wir zogen auf dem Krankenhaushof Kreise, wiederholten im stillen Nelli Petrownas Worte, blieben schließlich stehen. (Später dann, als es meiner Tochter besser ging und wir beide nur noch auf der normalen Station waren, ging ich jeden Tag um elf Uhr zum Eingang der Intensivstation. Jeden Tag um diese Zeit kamen dort Frauen zusammen. Ihre Augen waren unterschiedlich, blau, schwarz, braun, aber ihre Blicke waren alle wie blanker Draht, und ich erzählte ihnen jeden Tag meine Geschichte und zeigte ihnen meine genesende Tochter. Sie drängten sich um mich, und ich befand mich mit meiner Tochter auf dem Arm in einem engen Kreis gleichermaßen entsetzlicher Gesichter, die, während ich sprach, in aberwitzigem Glauben erglühten wie das Gesicht meiner Mutter, als sie ausrief: «Gott lässt es nicht zu!» Jedes Mal, wenn ich meine Geschichte zu Ende erzählt hat-

дый раз, договори̇в мою̇ исто̇рию, я принима̇лась пла̇кать с ощуще̇нием непреходя̇щего отча̇яния, пронзённого, как со̇лнечным лучо̇м, таки̇м же си̇льным, чи̇стым, опустоша̇ющим сча̇стьем. Спустя̇ не̇сколько дней я обнару̇жила, что вся̇кий раз мы стра̇нным, забытым о̇бразом проща̇емся с э̇тими же̇нщинами, расходя̇сь, мы кла̇нялись друг дру̇гу, не про̇сто кива̇ли, как в о̇череди и̇ли во дворе̇, а смире̇нно отдава̇ли покло̇н – тепе̇рь я ни за что не суме̇ю повтори̇ть э̇то движе̇ние.)

В оди̇ннадцать часо̇в уже̇ друго̇й врач подтверди̇ла: «Опа̇сность минова̇ла, че̇рез па̇ру дней вы̇пишем до̇чку в отделе̇ние, полежи̇те с ней па̇ру неде̇ль». – «Да хоть ве̇чность». – «Ну куда̇ сто̇лько со̇сок накупи̇ли? Иди̇те, иди̇те, всё бу̇дет хорошо̇».

Мы, поша̇тываясь, пошли̇ в столо̇вую, я вста̇ла в о̇чередь, а ма̇ма се̇ла за сто̇лик. Когда̇ я подошла̇ с омле̇том, то уви̇дела, что ма̇ма спит, положи̇в свою̇ седу̇ю го̇лову на си̇льно сжа̇тые в кулаки̇ ру̇ки.

te, begann ich mit dem Gefühl nicht enden wollender Verzweiflung zu weinen, das aber, wie von einem Sonnenstrahl, durchdrungen war von einem ebenso starken, reinen, gleichsam verheerenden Glück. Nach einigen Tagen fiel mir auf, dass wir uns immer auf seltsame, unzeitgemäße Weise verabschiedeten. Wenn diese Frauen und ich uns trennten, verneigten wir uns voreinander, wir nickten uns nicht einfach zu, wie beim Anstehen oder vor dem Haus, sondern machten eine ehrerbietige Verbeugung – jetzt könnte ich um nichts in der Welt diese Geste wiederholen.)

Um elf Uhr bestätigte eine andere Ärztin: « Die Gefahr ist vorüber, in einigen Tagen verlegen wir Ihre Tochter auf die Station, und Sie bleiben ein paar Wochen mit ihr hier. » « Eine Ewigkeit, wenn es sein muss. » « Wozu haben Sie so viele Sauger gekauft? Gehen Sie, gehen Sie, alles wird gut. »

Taumelnd gingen wir in die Kantine, ich stellte mich an, Mama setzte sich an einen Tisch. Als ich mit dem Omelett wiederkam, sah ich, dass Mama schlief, ihren grauen Kopf auf die fest zu Fäusten geballten Hände gelegt.

Lilith: Der Überlieferung nach die erste Frau Adams, die im Paradies blieb. [Anm. der Autorin]

Doktor Shuk: Жук, der Käfer.

Terem: Wohngemächer im Oberstock eines Hauses oder separates Turmhaus.

In Europa ist es kalt …: Zitat von Ossip Mandelstam (1891 – 1938).

Kika: Kopfputz verheirateter Frauen im alten Russland, meist mit langen Bändern.

Kalottchen: eine Art Scheitelkäppchen (tatarisch).

Kokoschnik: Schildförmiger Kopfputz für Frauen. Kokoschnik heißen auch die bezipfelten oder muschelförmigen Blenden an russischen Kirchen.

Schappel: Brautkrone, hoher weiblicher Kopfputz (шлык bedeutet außerdem konisch geformtes Käppchen)

Powoinik: Ebenfalls eine altrussische Kopfbedeckung für Frauen.

Am Meer, wo die lasurne Gischt: Zitat von Igor Sewerjanin (1887 – 1941).

Überm rosigen Meere: Zitat von Georgi Iwanow (1894 – 1958).

Augen, blau und unergründlich: Zitat von Alexander Blok (1880 – 1921).

Ich bekomme morgen einen Brief: Ein Brauch. Fängt man einen Pappelbausch oder ein Löwenzahnschirmchen im Flug (und der Samen ist noch darin), bekommt man in Kürze einen Brief.

Palech-Malerei: Nach dem Dorf Palech benannte Miniaturmalerei in Tempera auf lackiertem Span oder Pappmaché (Schachteln, Geschirr, Tabletts, Löffel etc.).

Ei und Nadel: Bezugnahme auf ein Volksmärchenmotiv: Der Tod des Ungeheuers Koschtschej Unsterblich befindet sich in einer Nadel, die in einem Ei steckt; wird die Nadel zerbrochen, stirbt Koschtschej (unter anderem in «Die Froschkönigin»).

Antonio Gaudí: Spanischer Architekt (1852 – 1926).

Boris Grebenschtschikow: Begründer einer der ersten Rock-Gruppen mit dem Titel «Aquarium» Die zwei folgenden Zitate stammen aus seinem Lied «Die goldene Stadt».

Mit denen bin ich …: Zitat von Wladimir Majakowskij (1893 – 1930). месть bedeutet im Originalzitat «fegen, rechen», in der

Verballhornung rezipiert man die zweite Bedeutung des Wortes, « Rache ».

Auch an der finnisch' Felsen ... : Das Original (wörtlich: Selbst an die braunen finnischen Felsen wende ich mich mit einem Kalauer) stammt von Dmitri Minajew (1835 – 1889).

Cesare Lombroso: Italienischer Mediziner und Anthropologe (1836 – 1909).

Andrej Rubljow: Der wohl berühmteste russische Ikonenmaler (1360/70 – 1427/30).

Nadeschda Krupskaja: Russische Revolutionärin und Theoretikerin der Pädagogik, Ehefrau von Lenin (1869 – 1939).

Bio-bibliografische Notizen

Viktoria Fomina (1965) – geboren im Nordkaukasus, studierte an der Regiefakultät der Theaterschule des Moskauer Akademischen Künstlertheaters (MChAT) und an der Moskauer Hochschule für Literatur. Arbeitete als Regisseurin und Dramaturgin an verschiedenen Theatern in Moskau und in der Provinz. Veröffentlichungen in Zeitschriften und Anthologien. 1999 erschien ihr erstes Buch in Russland. Übersetzerin aus dem Englischen und Italienischen, lebt zusammen mit ihrem schottischen Mann in Moskau. Text aus: « Pis'mo polkovniku », Moskau 1999. Lizenz für diese Publikation von der Autorin.

Marina Palej (1955) – geboren in Leningrad. Arbeitete mehrere Jahre als Ärztin. 1985-1991 Studium der Literaturkritik an der Moskauer Hochschule für Literatur. Seit 1987 wurden von ihr Prosa, Dramen, Drehbücher (2 Verfilmungen in der USA) veröffentlicht, sowie ihre Übersetzungen aus dem Niederländischen, Englischen, Griechischen und Slowenischen. In Russland erschienen seit 1991 vier Bände mit Erzählungen und Romanen. Ihre Werke wurden in 12 Sprachen übersetzt. Aufenthalt in Deutschland auf Einladungen von verschiedenen Stiftungen wie der Heinrich-Böll-Stiftung. Sie lebt seit 1995 in den Niederlanden. Text aus: « Novye amasonki », Moskau 1991. Lizenz für diese Publikation von der Autorin.

Ljudmila Petruschewskaja (1938) – geboren in Moskau, verbrachte die Kriegsjahre in einem Kinderheim. Sie schreibt seit ihrer Kindheit. Nach dem Journalismus-Studium an der Moskauer Universität arbeitete sie bei verschiedenen Zeitungen und Verlagen und als Redakteurin beim Fernsehen, dann auch als Dramatikerin. Sie schrieb lange nur für die Schublade, bis ihr 1992 auch in Deutschland mit dem Buch «Meine Zeit ist die Nacht« der Durchbruch gelang. Zahlreiche ihrer Veröffentlichungen (Erzählungen, Novellen, Märchen, Theaterstücke, Gedichte und Romane) wurden in mehrere Sprachen übersetzt, Inszenierungen in vielen Ländern. 1991 Hamburger Puschkin-Preis, 1994 – Rattenfänger-Literaturpreis, 2000 Dowlatow-Preis. Mutter von drei Kindern, lebt in Moskau. Text aus: «Dom dewuschek», Moskau 2000. Lizenz für diese Publikation von der Autorin.

Marina Wischnewetskaja (1955) – geboren in Charkow in der Ukraine, studierte an der Filmhochschule in Moskau (WGIK). Drehbuchautorin von Spiel-, Zeichentrick- und Dokumentarfilmen. Ihre erste Erzählung veröffentlichte sie bereits als Schülerin in der Zeitschrift «Junost'». 1999 und 2000 erschienen zwei erste Erzählungs- und Novellenbände. Ihr Zeichentrickfilm «Nixe» (Regisseur Petrov) wurde für den Oskar nominiert. Sie ist verheiratet, hat einen Sohn und lebt in Moskau. Text aus: «Vyschel mesjats is tumana», Moskau 1999. Lizenz für diese Publikation von der Autorin.

Irina Poljanskaja (1952) – geboren in der russischen Provinz (Ural). Schauspielschule in Rostow-am-Don, Studium an der Moskauer Hochschule für Literatur. Seit 1983 arbeitete sie bei verschiedenen Moskaur Zeitschriften und Verlagen und veröffentlichte Erzählungen in Zeitschriften. 1997 wurde sie mit ihrem Roman «Prochoschdenije teni» berühmt. 1999 und 2002 erschienen zwei weitere Romane, außerdem weitere Erzählungen und Novellen. Sie lebt in Moskau und hat eine erwachsene Tochter. Text aus: «Prochoschdenije teni», Moskau 1999. Lizenz für diese Publikation von der Autorin.

Galina Baschkirowa (1938) – geboren in Moskau, studierte Geschichte an der Moskauer Universität. Journalistin, zahlreiche Essays und Reportagen. Ihr erster Band erschien 1972 («Najedine s soboj»),

1979 und 1994 weitere Romane. Sie schreibt vorwiegend über die sowjetische Intelligenzia. 1983-87 verbrachte sie in den USA, wo ihr Mann als Korrespondent einer sowjetischen Zeitung arbeitete. Lebt in Moskau als Rentnerin, verwitwet, ein Sohn. Text aus der Zeitschrift Snanja, Moskau, Oktober 1999. Lizenz für diese Publikation von der Autorin.

Tatjana Tolstaja (1951), Enkelin des sowjetischen Schriftstellers Alexej Tolstoj, geboren und aufgewachsen in Leningrad. Studium der klassische Philologie an der Leningrader Universität. Nach einzelnen Veröffentlichungen 1987 gleichsam über Nacht berühmt durch den Erzählungsband « Stelldichein mit einem Vogel ». Seit 1990 schrieb sie zahlreiche Essays und Artikel für Moskauer Zeitungen, Novellen, Erzählungen und ihren ersten Roman « Kys ». Unterrichtet russische Literatur in den USA, wohnt außerhalb des Semesters in Moskau, zwei erwachsene Kinder. Text aus: « Sestry », Moskau 1998. © bei der Autorin, Lizenz durch The Wylie Agency, London.